Diogenes Taschenbuch 23073

detebe

Friedrich Dürrenmatt

Werkausgabe in siebenunddreißig Bänden

Band 33

Friedrich Dürrenmatt

Philosophie und Naturwissenschaft

Essays, Gedichte und Reden

Diogenes

Die Werkausgabe in siebenunddreißig Bänden basiert auf der zu Dürrenmatts 60. Geburtstag erschienenen und von ihm in Zusammenarbeit mit Thomas Bodmer herausgegebenen Werkausgabe in neunundzwanzig Bänden 1980. Diese wurde durch die seit 1981 bis zu Dürrenmatts Tod 1990 in Buchform erschienenen bzw. von ihm noch für die Publikation vorbereiteten Einzelbände analog und innerhalb der Gattungen chronologisch fortgeführt sowie um die seit 1991 in Buchform erschienenen Werke aus dem Nachlaß ergänzt. Das 17 Bände umfassende dramatische Werk der Werkausgabe 1980 wurde um einen 18. Band ergänzt, das 12 Bände umfassende erzählerische und essayistische Werk der Werkausgabe 1980 um 5 Bände erzählerische Prosa (Bände 25 bis 29) sowie um einen Band Essays (Band 36) und einen Nachlaßband (Band 37). Sämtliche Bände wurden für diese Ausgabe durchgesehen. Druckfehler wurden stillschweigend korrigiert, sonstige Veränderungen nachgewiesen. Nach Möglichkeit wurden die schon in der Werkausgabe 1980 erschienenen Bände seitengleich übernommen.
Nachweis zur Publikationsgeschichte sowie zur Textgrundlage von Ulrich Weber und Anna von Planta am Schluß des Bandes.
Umschlag: Detail aus ›Turmbau III: Der amerikanische Turmbau‹ (1968) von Friedrich Dürrenmatt.

Diogenes Verlag AG Zürich
40/98/8/1
ISBN 3 257 23073 7

Inhalt

Philosophie und Naturwissenschaft

Spielregeln

Im Unerbittlichen
fordere nicht Unerfüllbares
Halte die Spielregeln ein

Richte nicht die Gerichteten
Du bist einer von ihnen
Misch dich nicht ein, du bist
eingemischt

Sei menschlich, nimm Abstand
Jeden trifft ein eigener Pfeil
Du kannst niemanden schützen

Unrechtes geschieht nicht
aber Furchtbares

Was geschieht, bist du
Es geschieht dir recht

Hingeschriebenes

1947/48 [ca. 1964/65]

Der Dramatiker beschreibt Menschen. Er nimmt dazu Schauspieler.

Der Dramatiker sagt Menschen aus.

Im Drama muß alles Gegenwart werden.

Daß es im Drama unbedingt dramatisch zugehen muß, ist ein Vorurteil.

Im Drama braucht man die Dramatik nur anzudeuten.

Schreiben ist auch schon Regieführen.

Durch die Arbeit entsteht aus einem Einfall eine Welt.

Eine Welt ist erstanden, wenn ihre Bausteine in Beziehung zueinander gesetzt worden sind.

Wer eine Welt gebaut hat, braucht sie nicht zu deuten.

Auch in der Dramatik wird der Held durch ein Kollektiv ersetzt.

Der Fehler vieler Stücke liegt in ihrer dichterischen Sprache.

Das Bühnenbild kann ein Stück verfälschen.

In mancher Regie nimmt das Schicksal seinen Lauf.

Es werden heute Stücke geschrieben, die einem das Stückeschreiben verleiden.

Wer auch bei den Klassikern nicht streicht, liebt sie nicht.

Schreiben geht entweder unendlich schnell oder unendlich langsam vor sich.

Manche schreiben, als wäre die Literatur eine Grabinschrift.

Alle Dilettanten schreiben gern. Darum schreiben einige von ihnen so gut.

Sie wiegen sich mit der Literatur in Sicherheit.

Viele schreiben nicht mehr, sondern treiben Stil.

Wer Stil treibt, vertreibt sich nur die Zeit.

Stilistisch zu gut geschriebene Bücher machen das Lesen zu einer Fleißaufgabe.

Kritiker haben immer auch, nie nur recht.

Es ist noch keinem Kritiker eingefallen, daß er vielleicht nicht lesen könnte.

Der Mond ist kein Onkel mehr.

Sterne sind etwas Fürchterliches.

Das Schwerste: Sich nicht zu rechtfertigen.

Eine Schlamperei, was heute alles geistig geworden ist.

In Gefängnissen bekommt man nur positive Literatur zu lesen.

Freiheiten beruhen auf Spielregeln, welche die Macht innehält, um nicht als solche zu scheinen.

Wahre Geschichte in einem Satz: Als eines Nachts im Westdeutschen Fernsehen über das Betriebsklima diskutiert wurde, meinte ein Großindustrieller, er halte es für ausgeschlossen, in der Geschäftswelt die Demokratie einzuführen, und alle mußten ihm irgendwie recht geben.

Für die meisten Politiker ist Denken naiv.

Falsche Mythen führen zu einer falschen Politik.

Wer die besseren Ausreden hat, besitzt nicht immer die angenehmere Wirklichkeit.

Man darf nie aufhören, sich die Welt vorzustellen, wie sie am vernünftigsten wäre.

Die Welt ist als Problem beinahe und als Konflikt überhaupt nicht zu lösen.

Trieb

Über Europa

1951

Es ist leicht, angesichts einer Nelke zu hoffen, einen Sonnenstrahl Leben zu nennen, den Sündenfall, den diese Welt seit Anbeginn tat, in Gedanken ungeschehen zu machen. Europa, das seine Gnade verspielte und seine Hand immer wieder mit Blut färbte, versucht sich nun, endlich vor Gottes Thron gestellt, mit dem Geist herauszureden, der auf seinem Boden Großes schuf und den es verleugnete. Die Ausnahme wird zur Regel gemacht, denn nicht Geist war die Regel, sondern Blut. Doch gilt die Ausrede nicht. Von Gott unbarmherziger durchforscht, läßt es mehr und mehr die Ideale fallen, die es nichts kosten, und greift zu jenen Waffen, die etwas kosten. Immer nackter zeigt sich der Grund seines Handelns: Unter der sinkenden Maske des Geistes tritt der bloße Trieb zum Vegetieren als das Motiv seines Widerstandes hervor. Der einzige Weg seiner Rettung, sich selbst zu ändern, wird aufgegeben und ein Notstand proklamiert, mit dem man alles zu retten hofft: die Freiheit und die Bankiers, die Geschobenen und die Schieber. Der Konkurs wird erklärt, um sich vor der Schuld zu retten. So kapituliert es vor sich selbst, bevor der Feind angreift. Es baut eine Arche, nicht fromm wie Noah, sondern mit der Absicht, auch jene zu retten, die der Grund der Sintflut sind. Die unnötige Bagage, von der es sich nicht trennen will, wird es um so sicherer in den Abgrund ziehen. Man kann nicht zweien Herren dienen, es hat allen Herren gedient. Blind dafür, daß sein Feind in ihm selbst liegt und es von innen heraus zerstört, sieht es sich einem Henker gegenüber, den es durch sein Versagen selbst gebar und dem es selbst das Beil in die Hände spielte. Gott läßt seiner nicht spotten. Indem es zwar den Geist hochleben läßt, aber ihm keine Wirkung zumißt und nach den Profiten lebt, indem es zu kleinmütig ist, die nationalen Vorteile der einzelnen zu überwinden, und unfähig bleibt, das zu tun, was die Vernunft mit unerbittlicher Klarheit vorschreibt, begeht es ein größeres Verbrechen als jener, der den Geist leugnet und dem es, eine groteske Selbstverspottung, den Geist entgegenzuhalten wagt. Ein jeder wird nach seinem Maß gerichtet, und der Richter verhüllt schweigend das Haupt. Wer die Freiheit verbietet, nimmt sie wichtiger als der, welcher sie mißbraucht; wer die Persönlichkeit aufgibt, gewinnt mehr als der, dessen Rechte nicht weiß, was die Linke tut, und wer das Christentum unterjocht, begreift es wesentlicher als der, dem es gleichgültig ist. Der Haß ist eine Dimension höher als die Lauheit, ein Gleichgültiger ist noch nie zu einem Paulus geworden. Dem Entweder-Oder des Geistes zu entgehen, ist unmöglich, doch Europa hat noch immer das Unmögliche ins Mögliche verfälscht und sich in ein Sowohl-Als-Auch gerettet, aus dem es keinen Ausweg mehr gibt: Seine Taten strafen seine Worte ewig Lügen. An den Pfahl seines Abfalls geschmiedet, erwartet es nun, daß der Todesstoß ausbleibe. Es wagte nie, alles auf Gott zu setzen, nun muß es alles auf zwei Hoffnungen setzen: daß Gott es nicht ernst nehme und daß vom Osten die Atombombe ernst genommen werde. Gott soll es verschonen und der Teufel retten. Gleichgültig gegen den Glauben, hofft es auf Gnade und von seinem Scharfrichter auf die Einsicht, daß sich die Hinrichtung nicht rentiere, sollte doch die Welt endlich einmal lernen, was Geschäfte sind. So wendet es sich ab, schöneren Dingen zu, mit dem besten Gewissen, in einer Welt, die den Geist nicht kennt, das Seine zu tun, indem es für ihn Reklame macht und die Kultur der Vergangenheit als einen Check betrachtet, der berechtigt, um des Muts und des Opfers jener willen verschont zu werden, die stets nichts neben den Bankaffären galten. So neigt es sich über den Kelch irgendeiner Blume und nennt sie: Leben; und wie es sich die Handschuhe über die roten Hände zieht, beginnt es wieder zu hoffen, zu glauben, zu lieben, ein Greuel vor dem zornigen Antlitz Gottes.

Gott und Péguy

Wer ist dieser Mensch, sagt Gott, dieser Péguy
der mich da zu einem französischen
Nationalisten machen will?
Was gibt er vor meine Gedanken zu kennen?
Ist er jemals mein Sekretär gewesen
Dem ich meine Briefe diktierte?

Zwar hat er schöne Verse geschrieben, Gedichte
die bisweilen sogar ich gern lese.
Und er ist tot, ich habe ihn zu mir genommen.
Aber diese Zeilen da
Habe ich verworfen. Sie vermodern
wie sein Leib.
Er soll sie mir nicht in den Mund legen.

Denn ich habe es nicht mehr gern, wenn man
auf die Völker zu reden kommt.
Sie haben mir alle im Verlaufe der Zeit zuviel
Blut vergossen
Das ihre Hände rot färbt. Ich will nichts mehr
von ihnen wissen.

Als ob es nicht genügt, wenn ich jeden Menschen
einzeln begutachte

Ihn hin und her wende, ob nicht doch noch irgend
etwas an diesem verpfuschten Ding
zu gebrauchen sei.
Ohne Blick auf die Etikette, die irgendein
verdrehter Staat quer über seinen Bauch
geklebt hat
Auf der Franzose steht, geboren neunzehnhundert-
zehn als Sohn eines Dramenschreibers und
einer Hebamme
Auch Deutscher aus Dresden, Hinterindier
Amerikaner oder Ukrainer
Etiketten, wie wenn es sich um mehr oder weniger
billige Weinsorten handelte.

Meint man denn, ich sei ein Restaurateur, der hin
und wieder
Im Keller die Völker besichtigt wie eingemachte
Konfitüren
Einen Topf nach dem andern, und die Quitten
den Stachelbeeren vorzieht?
Als wenn es nicht allein auf jeden Einzelnen
ankäme
Und wenn sein Urahne Kathedralen erfand
um so schlimmer für den Nachkommen
Wenn er keine mehr findet.

Überhaupt lasse man mich ein wenig mit diesem
Frankreich in Ruhe
Mit diesem Deutschland und England, mit all
diesem ewigen Europa.
Ich bin langsam nicht mehr gut darauf zu sprechen
langsam wird es mir langweilig.

Langsam werden mir die Menschenfresser fast lieber
die da irgendwo im Urwald
Im Streit um ein Kamel mit zwei Höckern oder
um einen halbvermoderten Elephantenzahn
Den unnachgiebigen Angehörigen eines fremden
Stammes kurzerhand gar kochen.
Sie beten wenigstens nicht mich an, wie es diese
Europäer vorgeben
Sondern einen Götzen mit sieben Armen und fünf
Beinen
Ein Monstrum, bei dem man nicht weiß, was vorne
ist oder hinten.
Da kann ich doch wenigstens mit gutem Gewissen
diesen armen Schluckern vergeben.

Während diese Franzosen und Schweizer katholische
Aktion betreiben oder reformierte theologische
Zeitschriften herausgeben
Aber nicht den Glauben haben, den ich nun endlich
einmal bei ihnen sehen möchte
Den Glauben, der Berge versetzt.

Ist irgendwo schon ein schlimmeres Durcheinander
gesehen worden als in diesem Europa?
Solch ein heilloses Kreuz und Quer von Dummheit
und Brutalität, solch ein Wust an unklarem Denken?
Zuerst haben die Spanier gemordet, dann fingen die
Franzosen an
Jedes Volk immer tüchtiger und lustiger als das
andere, mit immer besseren Guillotinen.
Dann die Engländer. Schließlich die Deutschen
und Italiener

Und jetzt, als man schon glaubte, es sei wirklich
einfach nichts mehr anderes möglich als der
Friede
Scheint man sich im Osten zu neuen Blutbädern
vorzubereiten.
Ist es da ein Wunder, daß mir alle diese europäischen
Völker gleichermaßen verdächtig vorkommen?

Nein, ich habe keinen dieser Morde vergessen
nicht den geringsten und nebensächlichsten
Und keinen General, der sie anordnete, eine
Henry Clay dabei in Brand steckend
Denn ich bin nicht der Gott Frankreichs oder
Deutschlands oder der Sowjetunion
Ich bin ganz und gar nicht ihr Gott, ich bin
nicht der Gott der Sieger – und der Staat
ist immer ein Sieger
Ich bin der Gott derer, die erschlagen am Boden
liegen.

Darum will ich auch nichts mehr von ihren Kreuz-
zügen hören und ihren besten Soldaten
In wessen Namen sie auch kämpfen. Es klingt mir
zu sehr nach Bartholomäusnacht und der
Inquisition.
Charles Péguy schweige davon. Sie stinken mir
zum Himmel.

Was jedoch in diesem jämmerlichen Europa blieb
in dieser ausgebluteten Halbinsel
Die ich zwischen zwei Meere gepreßt habe
unter dessen Himmel

Immer noch die Völker weiter herumhantieren
im wackeren Glauben
Ich drücke auf immer und ewig die Augen zu
sind die Tränen
Und die Gebete, die hin und wieder zwischen
den Ruinen zu mir hinaufsteigen:
Sie weinen sie alle und in jedem Land beten
bisweilen einige
Denn die Not ist oft groß. Es ist eine
Blasphemie, zu sagen
Nur eines der Völker weine ehrbar und
nur eines
Spreche ehrbare Gebete.

Zum Teufel mit den falschen Meinungen
die über mich verbreitet werden.

Das Unvermeidliche wartet
Es kommt nicht. Du kommst
Die Maus bist Du. Darum
Sei kein Held
Denn dem Furchtlosen
Ist auch das Vermeidliche
Unvermeidlich
Fürchte Dich. Bleib ein Mensch
Was Dir gehört, gehört Dir nicht
Was allen gehört, gehört Dir
Die richtigen Gedanken
Sie sind freundlich
Auch wenn sie feindlich scheinen
Du kannst sie nicht allein denken
Du kannst sie nicht allein überprüfen
Du kommst nicht allein auf sie
Allein vor sie kommst Du allein
Sie sind Deine und unsere Richter
Wir sind falsch und Du, nicht sie
Liebe ihr Urteil, wende es an
Vielleicht wird dann das dunkle Tier
Sich räkelnd unter einem Bett
Oder schnurrend an einer Straße geduckt
Sein unmenschliches Tagwerk
Menschlich verrichten
Dich nicht
In einer Gaskammer fressen

Lied

Ich zog durch Wüsten, stieg
nieder in Wälder
sah Ninive liegen, sah Ur
die Steppe von Tartar
und den Henker, zum Kuckuck
beschmiert mit eurem Blut

Ich achtete nicht seiner
Ich wußte, ich würde entkommen
und ich entkam

Werde Denker, zum Kuckuck
bewahre den Mut
Kenne dich selber

Ich zog durch Wüsten wieder, stieg
nieder in Wälder wieder
sah Ninive aufs neue, doch darnieder
Ur verbrannt, die Steppe von Tartar
voll Rauch
und den Henker, zum Kuckuck
beschmiert mit meinem Blut
Denn der Henker kannte mich auch

Ich achtete nicht seiner
Ich wußte, ich würde entkommen
  und ich entkam
nicht ein zweites Mal

Elektronische Hirne

Noch sind sie unsere Knechte
Noch führen sie aus
Was wir ihnen vorschreiben
Dumm, stur, emsig

Aber schon sind die Resultate
Die sie liefern
Nicht mehr zu kontrollieren
Nur durch ihresgleichen

Doch bald
Werden sie weiter rechnen
Ohne uns
Formeln finden,
die nicht mehr zu interpretieren sind

Bis sie endlich Gott erkennen,
ohne ihn zu verstehen
Schuld- und erbarmungslos
Straf- und rostfrei
Gefallene Engel

Die vier Verführungen des Menschen durch den Himmel

1969

Zugegeben, ich war auf das größte Ereignis des Jahrhunderts denkbar schlecht vorbereitet: Zwölf Wochen aufgezwungene Beschäftigung mit der Weltgeschichte – um mich nicht über Literatur aufzuregen – regten mich doch auf: die Eseleien, von denen ich las, waren zu gewaltig, um nicht ernüchternd zu wirken. Der Mensch ist offenbar ein Pechvogel, nicht weil er nicht fliegen könnte – das kann er ja inzwischen –, sondern weil er immer wieder vom Himmel verführt wird, mehr als ein Mensch sein zu wollen: etwas Absolutes. Kaum hatte zum Beispiel die römische Republik die alte Welt geordnet, verwandelte sie sich in ein Imperium und den Kaiser in einen Gott; die Menschen lassen sich zwar von Menschen regieren, aber wollen diese Menschen als Götter sehen. Das ist die erste Verführung des Menschen durch den Himmel. Sie ist auch heute noch wirksam: Mao ist schon gottähnlich, und ein Bundesrat, wenn auch Mao gegenüber homöopathisch verdünnt, hat etwas Erhabenes.

Die zweite Verführung durch den Himmel ist ungleich delikater: Daß der römische Kaiser ein Gott sei, glaubte wahrscheinlich nicht einmal ein römischer Kaiser. Es war mehr eine juristische Notlösung, das Imperium irgendwie im Himmel zu verankern. Erst das Genie Konstantin der Große kam auf die Idee, es sei einleuchtender, Gottes

Stellvertreter zu sein als Gott selber: Ein Gott, der Blut vergießt, muß sich vor den Menschen rechtfertigen, vergießt man Blut im Namen Gottes, kann man sich mit Gott rechtfertigen. Man war auf die Verwendbarkeit des Himmels als Staatsideologie gekommen. Womit nichts gegen das Christentum gesagt sein soll, sondern alles gegen den christlichen Staat. Der hat mir nun doch zu schmutzige Finger. Zwar sollen, wie Franz Josef Strauß jüngst erklärte, er und Kiesinger ein besonders enges Verhältnis zu Gott haben; wenn ich Gott wäre, würde ich mir die beiden mal vorknöpfen. Es gibt so wenig einen christlichen Staat, wie es christliche Parteien gibt.

Am perfidesten war die dritte Versuchung des Menschen durch den Himmel. Die Bahnen der Gestirne lassen sich berechnen, am Himmel schärfte sich der menschliche Verstand, am Himmel entdeckte er die Naturgesetze. Aus dem Himmel wurde der Weltraum, wo sich die Erde um die Sonne dreht und die Sonne um den Mittelpunkt der Milchstraße. Es war daher nur natürlich, daß der Mensch dazu überging, sich selber als Natur zu erkennen und an sich selber die Vernunft anzuwenden. Er begann, die Ideologie des christlich getarnten Staates zu durchschauen und zu rebellieren, bis es zur Französischen Revolution und zum Marxismus kam, doch ausgerechnet an diesem so wichtigen Wendepunkt ihrer Geschichte fiel die Menschheit zum dritten Male auf den Himmel herein: Sie versuchte in der Politik die Vollkommenheit der Naturgesetze nachzuahmen: der Marxismus wurde dogmatisch und beanspruchte für sich die Unfehlbarkeit der Weltraummechanik. Vom Marxismus, der sich weiterdenkt und selbstkritisch geworden ist, her gesehen, gibt es daher heute ebenso wenig einen marxistischen Staat und eine marxistische Partei, wie es einen christlichen Staat und christliche Parteien gibt. Es gibt nur Ansätze zu sozialistischen Lösungen, doch ziehen sie sich unmittelbar die Feindschaft der Sowjetunion zu und werden von ihr nach Möglichkeit liquidiert.

Und nun stellte uns der Himmel zum viertenmal eine Falle, und prompt wie eine Maus liefen wir in sie hinein: In die gigantische Mausefalle des Weltalls. Ich gestehe, daß ich die Nacht vom 20. auf den 21. Juli 1969 am deutschschweizerischen Fernsehen als ausgesprochen komisch empfand.

Gewiß, die Wissenschaftler, die man bisweilen sah, waren in Ordnung, besonders Bruno Stanek; sicher, der Mondstaub, den man so lange nicht sah, weil es eben so lange dauern mußte, bis man ihn sehen konnte, war auch in Ordnung; er verschluckte das LEM nicht, wie man noch vor Jahren befürchtet hatte, aber der Mondstäuble war nicht in Ordnung: den sah man immer. Zu einer technischen Perfektionsleistung sollte man keine Schöngeister beiziehen; da die Naturwissenschaften immer noch unter ihrem Denkniveau liegen, bestaunen sie die Technik, wie Neandertaler ein Fahrrad bestaunen würden: sie beten sie an. So übertraf denn ein Schöngeist den anderen an unfreiwilliger Komik: ein Theologe glaubte irgendwie doch noch an Gott und an den Teufel, und ein Geschichtsprofessor ließ meine mühsam bewältigte Weltgeschichte zu einer unbedeutenden Weltsekunde zusammenschrumpfen und im Namen des heiligen Konrad Lorenz die menschliche Aggression für immer in den Weltraum sausen: Von jetzt an können wir hienieden gut sein, weil wir oben die Planeten in Stücke schlagen dürfen.

Die Hunderte Millionen von Menschen getöteten Menschen, die die Eseleien der Weltgeschichte kosteten, schrumpften mit Lichtgeschwindigkeit zu einer Lappalie zusammen, im Bewußtsein, einmal keine Eselei begangen zu haben. Während der Kontrollraum in Houston im Fernsehschirm wie ein Nationalratssaal bei einer Debatte über das deutschschweizerische Fernsehen aussah, machte man im deutschschweizerischen Fernsehstudio auf Spannung, nichts dämpfte die Ausgelassenheit, nicht einmal die Möglichkeit, die Landung könnte schiefgehen; es ging zu wie bei der Schlußfeier eines sommerlichen Volkshochschulkurses, die Spannung stieg, das LEM landete im Meere der Stille, im Studio wurde es angesichts des welthistorischen Augenblicks immer lauter, man wartete auf die ersten Bilder vom Mond, die nicht kamen; dafür kamen Großaufnahmen von essenden und trinkenden Weltraumberauschten, einmal glaubte man sogar HD Läppli zu erblicken, aber vielleicht war es nur ein Feuerwehrmann oder der Fernsehdirektor, der Selbstkritik übte, dann kamen immer noch keine Bilder vom Mond,. dann kam ein Kriminalfilm, Perry Mason, dann sah man wieder den Weltraumkontrollnationalratssaal, die Schöngeister schwiegen, weil sie nichts mehr zu sagen hatten, die Kommentatoren, weil sie alles gesagt hatten, und dann, als alles todmüde war, sah man endlich, was man erwartet hatte: die ersten Menschen auf dem Mond. Es waren Bilder, die nur jene überraschten, die weder astronomische Kenntnisse noch eine Vorstellungskraft besitzen, es ereignete sich das, was man vorausberechnet hatte, und dann geschah das Unvermeidliche: die amerikanische Flagge wurde auf dem Mond gehißt, Präsident Nixon telephonierte mit den

Mondpiloten, und die freie Welt war stolz, die Russen endgültig geschlagen.

Was mich betrifft, so habe ich mich aus Neugier seit langem mit Astronomie beschäftigt, die Entdeckung der Quasare und Pulsare interessieren mich mehr als die ganze Raumfahrt, und Phantasie zu haben gehört zu meinem Metier. Um die Wahrheit zu sagen, der ins Symbolische mißratene Film ›2001‹ erregte, die Fernsehreportage enttäuschte mich. Der Film entsprach der Wirklichkeit paradoxerweise besser. Er zeigte die ungeheuren Distanzen des Weltraums auf, die Übertragung des Mondfluges ließ sie uns vergessen. Sicher, die ganze Übertragung war ein Ereignis. Gewiß, es war das teuerste Ferngespräch der Weltgeschichte, das sich der amerikanische Präsident da leistete, doch gar so teuer war es nun wieder nicht, verglichen mit den Unternehmungen, die sich die Vereinigten Staaten sonst noch leisten. Zwar geben sie für ein Programm, das sich über viele Jahre erstreckt, der NASA 25 Milliarden Dollar, aber so viel leisten sie sich in Vietnam in einem Jahr für einen Krieg, in den sie hineingestolpert sind und den sie aus Gründen des Prestiges nicht zu beenden wissen; während der Flug der Apollo 11 etwa 350 Millionen Dollar kostete, kommt die USA-Strategen die Tötung eines Vietcong-Soldaten auf 350 000 Dollar zu stehen, so daß, umgerechnet, der Apollo-11-Flug so viel kostet wie der Tod von tausend Vietcongs. Eine makabre Berechnung einer makabren Wirklichkeit, doch muß man nicht nur im Weltraum mit Zahlen kommen, will man die Wirklichkeit erkennen.

Am 20. Juli 1969 begann nicht ein neues Zeitalter, sondern der Versuch, sich aus dem unbewältigten 20. Jahrhundert in den Himmel wegzustehlen. Nicht die menschliche Vernunft wurde bestätigt, sondern deren Ohnmacht. Es ist leichter, auf den Mond zu fliegen, als mit anderen Rassen friedlich zusammenzuleben, leichter, als eine wirkliche Demokratie und einen wirklichen Sozialismus durchzuführen, leichter, als den Hunger und die Unwissenheit zu besiegen, leichter, als den Vietnamkrieg zu vermeiden oder zu beenden, leichter, als den wirklichen Mörder eines Präsidenten zu finden, leichter, als zwischen den Arabern und den Juden und zwischen den Russen und den Chinesen Frieden zu stiften, leichter, als die Sahara zu bewässern, leichter, als den von einer kleinen weißen Volksgruppe besiedelten Kontinent Australien auch für andere Rassen zu öffnen, ja leichter, als das Zweistromland des Tigris und des Euphrat wieder zu jener fruchtbaren Ebene zu machen, die es einst war.

Nicht der Mondflug ist das Schlimmste, er ist nichts als eines jener technischen Abenteuer, die durch die Anwendung von Wissenschaften immer wieder möglich werden: Schlimm ist die Illusion, die er erweckt. Ein neuer Kolumbus ist unmöglich, denn er entdeckte einen neuen Kontinent, der zu bevölkern war, Apollo 11 jedoch erreichte nichts, was der Erde entsprach, sie erreichte bloß die Wüste der Wüsten, den Mond. Wie weit wir auch unser Sonnensystem durchmessen, immer werden die Bedingungen auf den anderen Planeten so schlecht, so jämmerlich, so unmenschlich sein, daß diese Welten von der Erde aus nie besiedelt werden können. Mag es auch auf dem Mond oder auf dem Mars ein astronomisches Institut geben, mit einer künstlichen Atmosphäre (ich hoffe es), es zählt nichts, gegenüber dem, was sich auf der Erde ereignen wird. Daß der Papst im gleichen Jahre, da er vor dem Bildschirm die Mondlandung segnete, die

Pille verbot, symbolisiert die Katastrophe, der wir, schneller als den Sternen, entgegeneilen. Wenn Wernher von Braun hofft, in hundert Jahren würde die Menschheit Raketen entwickeln, die nächsten Fixsterne zu erreichen, und wenn wir uns sagen lassen müssen, daß schon im Jahre 2035 14 Milliarden Menschen auf unserem Planeten leben werden, falls es uns nicht gelingt, unsere Vermehrung zu steuern, so kann ich nur hoffen, daß irgendeiner von den Urenkeln unserer schweizerischen Fernsehschöngeister zu den wenigen Privilegierten gehören wird, auserwählt, einen miesen, aber gerade noch bewohnbaren Planeten von Alpha Centauri zu besiedeln. Damit wenigstens dort der Optimismus nicht ausstirbt, denn auf der Erde wird es dann höllisch zugehen, so höllisch, daß es vielleicht vorzuziehen wäre, die Mondpest, die man mit allen Mitteln zu vermeiden trachtet, doch auf die Menschen loszulassen. Humanerweise. Denn im Jahre des ersten wirklichen Vorstoßes in den Raum außerhalb unseres Sonnensystems wird die Menschheit zu vier Fünfteln verhungert oder umgebracht sein müssen, um weiterleben zu können. Bloß, weil uns der Himmel verführte, ihn zu erobern, statt das, was uns allein gehört, vernünftig zu gestalten: unsere Erde. Es gibt keine andere Heimat, und jeder Fluchtversuch ist eine Utopie. Der Weltraumflug hat nur dann einen Sinn, wenn wir durch ihn die Erde entdecken und damit uns selber. Am 20. Juli 1969 bin ich wieder ein Ptolemäer geworden.

Mond

Du sinnlos tote Welt aus Stein
Dein Odem bläst mir Kälte ein

Zerfressen steigst du still empor
Beleckt vom Übermaß des Lichts
Und weist des Weltalls Male vor

Verhüllst die Narben des Gesichts
Nimmst wieder ab und wirst zu nichts

Antares

Sah dich sinken, sah dich steigen
Roter, rätselhafter Stern
Tief im Süden, tief im Westen
Bliebst du unermeßlich fern

Doch in meinen Träumen nächtlich
Heiße Sehnsucht dich beschwor
Weltengroß aus Sternentiefen
Brach dein Riesenbild hervor

Deiner Urwelt Feuernebel
War mit einem Male nah
Milder, größer als die Sonne
Hingest du gewaltig da

Fülltest nie erahnte Räume
Alles war von dir erhellt
Deiner Jugend Morgenröte
Goß sich über diese Welt

Siriusbegleiter

Von den Dingen, die ich sah
bist du mir besonders nah

Fühle aller Welten Schluß
Was da kommen wird und muß

Ein vollkommner Diamant
Hast du Raum und Zeit verbrannt

Deiner ungeheuren Schwere
Bleibt allein der Weg ins Leere

Dein dir anvertrautes Leben
hast du wieder weggegeben

Erdenkleiner Sternengreis
Heiß wie Feuer, weiß wie Eis

Deine Härte ist der Tod
Unsrer Herzen, der uns droht

Monstervortrag über Gerechtigkeit und Recht, nebst einem helvetischen Zwischenspiel

Eine kleine Dramaturgie der Politik
1969 [1968/69]

Meine Damen und Herren[1],
ehrlich, ich komme mir verloren vor. Irregeleitet von zwei schweizerischen Professoren, die sich an der juristischen Fakultät der Universität Mainz betätigen, ließ ich mich durch einen gewissen Patriotismus verleiten, einen Vortrag über Gerechtigkeit und Recht zu halten. Patriotismus macht blind. In ihrer Blindheit nahmen die schweizerischen Juristen an, ich hätte als schweizerischer Komödienschreiber etwas mit Gerechtigkeit und Recht zu tun, und ich nahm in meiner Blindheit an, ich sei fähig, über ein Thema zu reden, mit dem ich nichts zu tun habe. Der Irrtum der beiden Juristen ist verständlich und nur insofern patriotisch bestimmt, als sie durch ihren Patriotismus zu jener Gedankenlosigkeit verführt wurden, die gerade das Wesen des Patriotismus ausmacht und die sie hinderte, von selbst hinter ihren Irrtum zu kommen. Dieser Irrtum wird dadurch hervorgerufen, daß in den Stoffen, die wir Dramatiker behandeln, alle möglichen und unmöglichen Verbrechen vorkommen,

[1] Diese Rede ist teils vor dem Studium generale der Johannes-Gutenberg-Universität Mainz gehalten, teils, aufgrund der Diskussion mit den Studenten, nachträglich von mir erweitert worden, doch bestand kein Grund, die Redeform nicht beizubehalten.

Mord, Rechts- und Ehebrüche usw., usw., eine Tatsache, die leicht zur Meinung verleitet, dem Dramatiker gehe es um Gerechtigkeit und Recht; in Wahrheit beschäftigt sich der Dramatiker ebensowenig damit wie der Verbrecher; wie der Verbrecher begnügt sich der Dramatiker, dem Juristen Stoff für dessen Nachdenken und Klassifizieren zu liefern. Ob nun ein wirklicher Herr X oder ein fingierter Herr Ödipus seinen Vater tötete und mit seiner Mutter schlief, interessiert den theoretischen Juristen nicht, ihn interessiert nur der Fall an sich, ob er wirklich oder erfunden ist, läßt ihn gleichgültig; und was den praktischen Juristen angeht, so interessiert ihn diese Frage nur insofern, als er bloß von Herrn X und nicht von Herrn Ödipus ein Honorar zu erwarten hat. Vom Dramatiker daher zu verlangen, er solle für die Juristerei mehr liefern als Stoffe, ist ungerecht, man verlangt ja auch vom Verbrecher keine näheren Kenntnisse über das Problem Gerechtigkeit und Recht, er hat die Freiheit und das Recht, seine Verbrechen völlig naiv zu begehen, und nur jene Verbrecher sind davon ausgeschlossen, deren Verbrechen erst durch juristische Kenntnisse möglich werden: Zu diesen Verbrechern zählen im Gegensatz zu den Juristen die Dramatiker meistens nicht.

Was dagegen meinen Irrtum betrifft, so ist er auch nach Abzug der patriotischen Milderungsgründe komplizierter. Einerseits spielt ein Minderwertigkeitsgefühl hinein, daher stammend, daß ich nach zehn Semestern Philosophie ohne akademischen Abschluß gleich ins Komödiantenfach überwechselte, anderseits ein Größenwahn, ohne den kein Bühnenautor Stücke zu schreiben vermag. Mein Minderwertigkeitsgefühl Akademikern gegenüber verführt mich, einmal Akademikern zeigen zu wollen, was ein Akademiker ist, und mein Größenwahn verleitet mich, es auch zu tun, so möchte ich die Lage definieren, in die ich geraten bin: dramaturgisch gesehen bloß mit dem Fall vergleichbar, der etwa dann einträte, wenn Dutschke plötzlich regieren müßte. Greifen wir nicht vor. Taktisch habe ich komödiantisch akademisch zu sein, das heißt, ich habe, als Komödiant von Geschichten ausgehend, diese so kompliziert zu behandeln, daß Sie als Akademiker das Gefühl haben, einem akademischen Vortrage beizuwohnen. So stütze ich denn meinen Vortrag über Gerechtigkeit und Recht auf zwei Geschichten aus *Tausendundeiner Nacht*. Ich erzähle sie aus dem Gedächtnis, nicht exakt, nicht wissenschaftlich, nicht neu aus dem Arabischen übersetzt und kommentiert, sondern neu erzählt.

Die erste Geschichte

Der Prophet Mohammed sitzt in einer einsamen Gegend auf einem Hügel. Am Fuße des Hügels befindet sich eine Quelle. Ein Reiter kommt. Während der Reiter sein Pferd tränkt, fällt ihm ein Geldbeutel aus dem Sattel. Der Reiter entfernt sich, ohne den Verlust des Geldbeutels zu bemerken. Ein zweiter Reiter kommt, findet den Geldbeutel und reitet damit davon. Ein dritter Reiter kommt und tränkt sein Pferd an der Quelle. Der erste Reiter hat inzwischen den Verlust des Geldbeutels bemerkt und kehrt zurück. Er glaubt, der dritte Reiter habe ihm das Geld gestohlen, es kommt zum Streit. Der erste Reiter tötet den dritten Reiter, stutzt, wie er keinen Geldbeutel findet, und macht sich aus dem Staube. Der Prophet auf dem Hügel ist verzweifelt. »Allah«, ruft er aus, »die Welt ist ungerecht. Ein Dieb kommt ungestraft davon, und ein Unschuldiger wird erschlagen!« Allah, sonst schweigend, antwortet: »Du Narr! Was verstehst du von meiner Gerechtigkeit! Der erste Reiter hatte das Geld, das er verlor, dem Vater des zweiten Reiters gestohlen. Der zweite Reiter nahm zu sich, was ihm schon gehörte. Der dritte Reiter hatte die Frau des ersten Reiters vergewaltigt. Der erste Reiter, indem er den dritten Reiter erschlug, rächte seine Frau.« Dann schweigt Allah wieder. Der Prophet, nachdem er die Stimme Allahs vernommen hat, lobt dessen Gerechtigkeit.

Meine Damen und Herren! Die Geschichte, die ich erzählt habe, ist eine ideale, positive Geschichte. Wir finden einen Beobachter vor, einen Vorgang, der beobachtet wird, einen Erklärer, der dem Beobachter den beobachteten Vorgang perfekt erklärt; und eine amoralische Geschichte stellt sich als eine moralische Geschichte heraus.

Nun ist es natürlich nicht gleichgültig, *wer* beobachtet. Einen Beobachter ›an sich‹ gibt es nicht, ein Beobachter beobachtet, interpretiert oder handelt nach seiner Beschaffenheit. Der Beobachter unserer Geschichte ist ein Prophet, und was er beobachtet, ist ein ungerechter Vorfall. Es braucht jedoch eine bestimmte unmenschliche Härte dazu, nichts als Beobachter sein zu wollen, schon ein leichter Anflug von Menschlichkeit hätte den Propheten verleitet, dem ersten Reiter zuzurufen, er habe seinen Geldbeutel verloren, dann hätte der zweite Reiter nicht gestohlen, und der dritte Reiter wäre am Leben geblieben; damit wäre aber auch die Weltgerechtigkeitsmaschinerie einen Moment lang verlegen zum Stillstand gekommen, ihre Demonstration durch Allah wäre durch eine uns allen einleuchtende kleine menschliche Geste verhindert worden, mit einem Gran Menschlichkeit hätten wir Tonnen an göttlicher Erhabenheit eingebüßt.

Wäre der Beobachter auf dem Hügel gar ein Krimineller, würde dieser den Geldbeutel des ersten Reiters noch vor der Ankunft des zweiten Reiters selbst stehlen, was dem Ablauf der Geschichte und damit ihrem Gerechtigkeitsgehalt wieder einen anderen Dreh gegeben hätte: Sicher wäre der zweite Reiter nicht zu seinem Diebstahl und damit nicht zu seinem Recht gekommen, dem ungesühnten Diebstahl, der am Vater des zweiten Reiters begangen wurde, müßten wir den ungesühnten Diebstahl beifügen, den der kriminelle Beobachter begeht.

Doch auch dem zweiten Teil der Weltgerechtigkeitsrechnung droht eine ungünstigere Bilanz, denn was den Tod des dritten Reiters betrifft, so scheint diese Sühne für die Vergewaltigung der Frau des ersten Reiters auf einmal fraglich, in der Weise, daß eine Zeitverschiebung eintreten könnte: Weil der zweite Reiter an der Quelle ja nichts fand, das er hätte stehlen können, hätte er auch keinen Grund gehabt, schleunigst aufzubrechen. Der erste Reiter hätte in diesem Falle bei seiner Rückkehr zwei Reiter an der Quelle getroffen, den noch weilenden zweiten und den neu hinzugekommenen dritten. Der erste Reiter hätte dadurch entweder die beiden andern oder einen der beiden andern des Diebstahls bezichtigt. Hätte er einen der beiden andern Reiter beschuldigt, hätte er den zweiten Reiter beschuldigt, da sich der zweite vor dem dritten an der Quelle befand. Je nach den Beschuldigungen hätte der erste Reiter entweder gegen die beiden andern oder gegen den zweiten Reiter gekämpft. In der ersten Variante ist der Tod des ersten Reiters wahrscheinlich, einer gegen zwei, in der zweiten Variante tötet der erste entweder den zweiten oder der zweite den ersten. In jeder Variante bleibt die Vergewaltigung unbestraft, und in jeder Variante ist die Gerechtigkeit unvollkommen. Entweder wird der erste für den Diebstahl, den er am Vater des zweiten Reiters begangen hatte, mit dem Tode bestraft, doch der zweite Reiter kommt dadurch nicht zu seinem Vermögen; oder der zweite verliert mit seinem Vermögen auch noch das Leben, wobei die Chance des Überlebens für den ersten statistisch am geringsten ist. Auch hier: Eine beträchtliche Zunahme der Weltungerechtigkeit, eine weitere Unmöglichkeit für Allah, die Weltgerechtigkeit zu beweisen: Diesmal sind die Tonnen an göttlicher Erhabenheit durch den lumpigen Diebstahl eines Beobachters zunichte gemacht worden.

Wir sehen, mischt sich ein Beobachter in irgendeiner Weise in das Geschehen, welches er beobachtet, ändert sich das Geschehen und damit das Resultat des Geschehens. Es entsteht ein anderes Resultat, ja viele andere Resultate werden denkbar, nicht nur hinsichtlich der Reiter, sondern auch hinsichtlich der Gerechtigkeit und der Ungerechtigkeit dieser Welt und damit hinsichtlich des Weltgefüges. Auch kommen die Brüchigkeit und die Exklusivität der dichterischen Gleichnisse zum Vorschein. Sie versuchen etwas Besonderes über die Welt auszusagen, denn um etwas Selbstverständliches über die Welt auszusagen, braucht es keine dichterischen Gleichnisse. Ein Geschehen jedoch, das etwas Besonderes über die Welt aussagt, ist zu besonders, um nicht besonders dazu erfunden zu sein: Zum Zufall, daß sich an einer einsamen Quelle gleich drei Reiter treffen, die, ohne voneinander zu wissen, menschlich derart verknüpft sind, kommt der Zufall, daß sie von einem Propheten beobachtet werden, und der noch größere Zufall, daß Allah redet. Die Unglaubwürdigkeit dieser Geschichte macht ihre Brauchbarkeit aus; und wir sollten uns eigentlich fragen, ob denn ein dichterisches Gleichnis etwas beweise, oder ob es bloß demonstriere, was nur mit logischen Mitteln zu beweisen ist; oder endlich, ob das dichterische Gleichnis nicht gar etwas demonstriere, was an sich nicht bewiesen, sondern nur vermutet werden könne. Durch dichterische Leichtfertigkeit.

Lassen wir uns durch diese Überlegung nicht entmutigen, werden wir kühner, ersetzen wir den Propheten durch einen Wissenschaftler, etwa durch einen Verhaltensforscher, der das Verhalten von Menschen an einsamen Quellen studiert und prinzipiell nicht in das Geschehen eingreift, um das Resultat seiner Beobachtung nicht zu verfälschen. Verhält sich der Wissenschaftler damit wie der Prophet, fragt es sich bloß, ob er das Beobachtete auch wie der Prophet interpretiert und ob, falls der Wissenschaftler das Geschehen wie der Prophet als Ungerechtigkeit interpretiert, er von Allah ebenfalls aufgeklärt würde. Nun pflegt Allah, falls er schon redet, mit Wissenschaftlern nicht zu reden, weil sie eben Wissenschaftler sind und keine Propheten; doch auch das Urteil des Wissenschaftlers über das Geschehen wäre von dem des Propheten wahrscheinlich verschieden.

An der Zufälligkeit des Geschehens nimmt der Wissenschaftler an sich keinen Anstoß. Der Zufall ist für ihn etwas, das statistisch wahrscheinlich nicht eintrifft, aber dennoch möglich ist. Wenn es eintrifft, so ist es eben dennoch eingetroffen. Dem Wissenschaftler erscheint der Vorfall an der Quelle vor allem natürlich. Jeder Reiter verhält sich nach seinem Charakter. Wer einen Geldbeutel an einer einsamen Quelle findet, ohne die nötigen moralischen oder finanziellen Mittel zu besitzen, ihn zu verschmähen, nimmt ihn zu sich; wer einen Dieb in einer einsamen Gegend zu finden glaubt, zum Jähzorn neigt und über die nötigen Körperkräfte verfügt, bestraft den vermeintlichen Dieb, indem er ihn kurzerhand umbringt.

Was der Wissenschaftler jedoch verwirft, ist der Schluß auf die Weltungerechtigkeit, den der Prophet zieht. Erstens wendet der Wissenschaftler die Begriffe Gerechtigkeit und Ungerechtigkeit nur zögernd an, sie sind ihm wissenschaftlich als mehr politische oder moralische, ja religiöse Begriffe leicht suspekt. Er bezeichnet die Vorfälle an der einsamen Quelle höchstens als Rechtsbrüche, sieht jedoch davon ab, wenn die Quelle in einem derart unterentwickelten Lande liegt, daß dort noch das Faustrecht regiert. In diesem vorrechtlichen Zustande scheint es dem Wissenschaftler bedenklich, überhaupt Rechtsbegriffe anzuwenden. Zweitens – und das ist sein Haupteinwand, auch wenn er Gerechtigkeit und Ungerechtigkeit als Fiktionen zuläßt, welche die menschliche Gesellschaft nun einmal aufstellt – scheint ihm der Schluß des Propheten voreilig und damit logisch nicht möglich, denn bei einer Erdbevölkerung von drei Milliarden ist ein Schluß von einer Beobachtung des moralischen Zustands dreier Reiter auf den moralischen Zustand der Gesamtbevölkerung dieses Planeten unzulässig, wir müßten den moralischen Zustand von Tausenden von Menschen an einsamen Quellen untersuchen, um einen vorsichtigen Schluß auf den wahrscheinlichen moralischen Gesamtzustand zu wagen. Drittens endlich – und das ist der zweite Haupteinwand – scheinen dem Wissenschaftler der kulturelle Zustand und die soziale Umgebung der beobachteten drei Reiter für eine Welt, die an Übervölkerung leidet und nach der Pille greift, atypisch zu sein und nichts Gemeinsames mit einer Menschheit zu haben, die zum Teil annähernd zivilisiert ist und, insoweit sie zivilisiert ist, auf überfüllten Straßen dahinrast, von Riesenstaaten beherrscht wird, in Riesenstädten wohnt und in Riesenbetrieben arbeitet; kurz, der Wissenschaftler stellt die Gültigkeit unseres Modells in Frage, es ist ihm zu speziell, um etwas Allgemeingültiges auszusagen.

Unser Prophet wird es uns daher erlauben müssen, daß wir sein Modell unserer Welt anpassen, wobei wir uns die Aufgabe stellen, sein Modell dergestalt zu modifizieren, daß es sowohl für einen Bürger eines bürgerlichen als auch für den Bürger eines sozialistischen Landes gilt. Diese Forderung scheint auf den ersten Blick unerfüllbar zu sein, in Wahrheit brauchen wir bloß eine einfache Manipulation vorzunehmen. Um auf diese Manipulation zu kommen, haben wir uns zu überlegen, was die Welt des bürgerlichen Bürgers und die Welt des sozialistischen Bürgers gemeinsam auszeichnet.

Betrachten wir zuerst den Vorfall an der Quelle mit klassischen bürgerlichen Augen. Für einen klassischen Bürger haben die drei Reiter zwar verständlich, aber gesetzwidrig gehandelt. Daß einer über den anderen herfällt, daß zwischen den Menschen Krieg herrscht, daß jeder versucht, sich durchzusetzen und seinen Besitz und seine Macht auf Kosten der andern zu vermehren, nimmt der klassische Bürger als natürlich an, er ist ein Realist. Homo homini lupus. Damit jedoch die egoistischen Eigenschaften der Menschen nicht zu einem Krieg aller gegen alle führen, hat sich jeder Wolf den andern Wölfen gegenüber zu gewissen Spielregeln verpflichtet, genauer: zwischen den Wölfen wurde ein Spiel etabliert. Damit jedoch ein Spiel unter Wölfen möglich wird, müssen vorerst zwei Elemente des Spiels gesichert werden: der Spieler und die Beute, die ihm das Spiel einbringt. Wird der Spieler nicht gesichert, kann er jederzeit von einem anderen Wolf überfallen werden, der genug vom Spiel hat, und wird die Beute nicht gesichert, wendet sich der Wolf, weil ihm das Spiel zu keiner Beute verhilft, wieder der natürlichen Jagd zu.

Von der wölfischen Welt auf die bürgerliche Welt transponiert: Der einzelne Bürger und der Besitz des einzelnen sind in der Weise gesichert, daß ein Bürger über den anderen Bürger nur zu herrschen vermag, indem er sich an die Spielregeln hält, und daß ein Bürger in den Besitz des Besitzes eines anderen Bürgers nur gelangen kann, indem er sich an die Spielregeln hält. Um jedoch die Beziehungen zwischen den Bürgern untereinander und den Bürgern und den Dingen, die den Besitz eines Bürgers ausmachen, in ein Spiel zu verwandeln, müssen sich die Dinge in Spielsteine umwandeln lassen. Darum ist der klassische Bürger an das Geld und an das Kapital gebunden: Das Geld ist der Spielstein und das Kapital, das dem Bürger zur Verfügung steht (indem er es erworben oder geerbt hat), die Summe seiner einsatzfähigen Spielsteine, und gerade darum sieht der klassische

Bürger in der Arbeit, die das Geld im Spiel für ihn verrichtet, nichts Böses: diese Arbeit ist eine Eigenschaft, die den Spielsteinen anhaftet wie den Schachfiguren die Zugmöglichkeiten auf dem Schachbrett, die ihnen entsprechen. Der Gewinn, den der Bürger aus dem Einsatz seiner Spielsteine erzielt, ist die Beute, die er durch das Spiel gewinnt und dank den Spielregeln sicherstellen darf.

Je differenzierter jedoch die ursprünglich einfachen Spielregeln werden, desto komplizierter wird das Spiel, je komplizierter das Spiel ist, desto umfassender wird es, je umfassender es geworden ist, desto mehr kommen jene zum Zuge, die durch geschicktes Spielen eine größere Summe von einsatzfähigen Spielsteinen besitzen als andere, je ungleicher die Spielsteine unter den Spielern verteilt sind, desto dringlicher stellt sich die Frage, wer denn eigentlich das Spiel kontrolliere. Es liegt zwar im Interesse aller, die Spielregeln einzuhalten, doch die Kompliziertheiten des Spiels verführen einerseits die raffinierten Spieler zu Mogeleien, welche die weniger raffinierten Spieler zu spät bemerken, verleiten anderseits die spielsteinarmen Spieler dazu, wieder freie Wölfe zu werden und die spielsteinreichen Spieler zu überfallen, um auf diese regelwidrige Weise besser ins Spiel zu kommen.

Das Spiel selbst erzwingt so den Schiedsrichter; nicht nur, damit er das Spiel überwache, sondern auch, damit er die Spielsteine ins Spiel bringe. Denn die Spielsteine bedeuten Dinge; Dinge lassen sich produzieren, daher müssen sich auch Spielsteine produzieren lassen. Daß ein solches Produzieren von Spielsteinen direkt nur dem Schiedsrichter erlaubt sein kann, liegt auf der Hand: bei den Spielern ist nur ein indirektes Produzieren von Spielsteinen erlaubt, in Form von Aktien etwa, mit denen dann auch gespielt werden darf. Doch muß ein Schiedsrichter bezahlt werden. Jeder Spieler hat daher für den Schiedsrichter einige Spielsteine zu entrichten, so daß bald der Fall eintritt, daß der bezahlte Schiedsrichter selbst mitspielt und, da ihn alle bezahlen, der mächtigste Spieler wird. In diesem Zeitpunkt des Spiels ist nicht mehr auszumachen, ob der Schiedsrichter für die Spieler oder die Spieler für den Schiedsrichter vorhanden sind.

Dieser Schiedsrichter ist der bürgerliche Staat. Wir müssen deshalb in unser altes Modell die Staatsgewalt einführen, wollen wir es modernisieren. Das läßt sich auf eine einfache Weise tun: Wir beordern einen Polizisten an die einsame Quelle. Mit einer Einschränkung freilich. Sie wird uns durch den Umstand aufgezwungen, daß wir es immer noch mit bloß drei Reitern zu tun haben. Stellen wir einen Polizisten allen drei sichtbar an die Quelle, wird das revidierte Modell zu ideal. Auch neben uns steht ja im täglichen Leben kaum je ein Polizist, der unsere Spielzüge überwacht. Gewiß ist die Polizei auch dazu da, Mogeleien oder noch schwerere Verbrechen gegen die Spielregeln zu verhindern, doch das Resultat dieser Verhinderung läßt sich kaum abschätzen, es kann bedeutend oder nebensächlich sein, wir wissen es nicht, wenn auch ein Blick auf die Weltgeschäfte die Ahnung aufkommen läßt: Die Zahl der polizeilich nicht erfaßten Mogeleien muß gewaltig sein. Die meßbare Arbeit der Polizei dagegen besteht in der Menge derjenigen, die gegen die Spielregeln verstoßen haben und dabei entdeckt worden sind: in der Menge der verhafteten ungeschickteren Verbrecher. Die sichtbare Wirkung der Polizei ist nachträglich. Sie liegt in der Bestrafung der festgenommenen Schuldigen. Diese können entweder mit einer

Geldsumme belegt – einige Spielsteine sind zu entrichten – oder aus dem Spiel genommen und mit einem zeitlichen Spielverbot bestraft werden, das heißt, fehlbare Spieler werden unter Umständen an einen Ort verbracht, wo sie nicht mitspielen dürfen. Sie kommen ins Gefängnis. Die Einschränkung, die wir dem Polizisten auferlegen, um unser Modell der klassischen bürgerlichen Wirklichkeit anzupassen, kann deshalb nur darin bestehen, daß er sich an der einsamen Quelle zu verstecken habe.

Der Bürger eines sozialistischen Landes jedoch wird den Vorfall an der Quelle wieder anders deuten, falls dieser Bürger ein Sozialist ist, denn es gibt natürlich auch Bürger von sozialistischen Ländern, die keine Sozialisten sind, sondern Sozialisten sein müssen. Der freiwillige sozialistische Bürger also findet, wie der Prophet, den Vorfall ungerecht, doch aus einem anderen Grunde: Nicht die Welt ist ungerecht, sondern die Gesellschaftsordnung, die Ungerechtigkeit dieser Ordnung liegt im Geldbeutel, den der erste Reiter besitzt, liegt im Besitz dieses Geldbeutels, die Welt ist nur in Ordnung zu bringen, indem man den Besitz abschafft. Nun ist der Besitz nicht dadurch abgeschafft, daß er keinem gehört, ein Besitz, der keinem gehört, ist sinnlos, er kann nur dadurch abgeschafft werden, daß er allen gehört, erst dadurch wird seine Abschaffung sinnvoll.

Hier gerät der Sozialist in Schwierigkeiten. Richtet sich seine Kritik gegen den Besitz, richtet sich seine Kritik auch gegen das Spiel, das die Wölfe errichtet haben, gegen das große ›Wolfsspiel‹ der bürgerlichen Gesellschaft. Der Sozialist weist darauf hin, daß dieses Spiel amoralische Spielzüge enthalte, daß es die spielsteinarmen Spieler ausbeute und die spielsteinreichen Spieler begünstige, daß sich verschiedene Spielerklassen herausgespielt und installiert hätten, daß endlich der Schiedsrichter ungerecht sei, indem seine Funktion vor allem darin bestehe, die Beute aus unmoralischen Spielzügen zu garantieren.

Wer jedoch das große bürgerliche Wolfsspiel abschaffen will, muß ein anderes Spiel vorschlagen, denn das bürgerliche Wolfsspiel entstand nicht aus einem Spieltrieb der Wölfe heraus, sondern aus ganz bestimmten ökonomischen Schwierigkeiten, die der Tauschhandel nicht mehr zu bewältigen vermochte. Die demiurgische Fähigkeit des Menschen, immer neue Dinge zu erzeugen, die Naturkräfte in seinen Dienst zu spannen, ja die Natur selbst umzubauen, machte seine Umwelt so kompliziert und unübersichtlich, knüpfte ein derart dichtes Netz von Produktionen und Produkten, daß sich der Mensch darin nur zurechtfinden konnte, indem er sich ein erdachtes Ordnungssystem schuf, die fingierte Spielfläche seines Wolfsspiels eben, auf die sich die Dinge und Vorgänge transponieren lassen. Indem der Sozialist das Wolfsspiel zerstört, läuft er Gefahr, die Menschen in einen Zustand zurückzuführen, in welchem sie nicht mehr leben können, weil ein Verzicht auf ein abstraktes Bezugssystem zwischen den Menschen und den Menschen und den Dingen, die der Mensch herstellt, nicht mehr möglich ist. Aus der Notwendigkeit zur Abstraktion gibt es kein Zurück. Kommt der Sozialist an die Macht, muß er, ob er will oder nicht, das alte abstrakte Bezugssystem übernehmen und auf dem alten Schachbrett ein neues Spiel vorschlagen.

Dazu braucht er einen anderen Ausgangspunkt und

eine neue Spielregel. Er muß die Wölfe in Lämmer umprogrammieren. Glaubt der klassische Bürger, der Mensch sei ein intelligenter Wolf, glaubt der Sozialist, der Mensch sei ein intelligentes Lamm. Homo homini agnus. Hält der Bürger den Menschen aus persönlicher Erfahrung und religiösen Reminiszenzen ›an sich‹ für schuldig, erklärt ihn der Sozialist ›an sich‹ für unschuldig, schuldig ist der Mensch erst durch das Wolfsspiel der bürgerlichen Gesellschaft geworden, dem der Sozialist das ›Gute-Hirte-Spiel‹ der sozialistischen Gesellschaft entgegensetzt. Gedacht ist dieses Spiel zwar ursprünglich als ein Spiel der Lämmer unter sich. Wie im großen Wolfsspiel ist der Spieler gesichert, aber die Beute gehört allen, so daß die Spielsteine, die durch die Produktion von Gütern erzeugt werden, in die gemeinsame Kasse kommen. Je größer die Produktion, desto größer der Anteil an Spielsteinen für jeden. So ideal jedoch dieses Lämmerspiel auch zu sein scheint, so schwierig ist es zu verwirklichen. Es führt zwangsläufig dazu, daß nur ein Teil der Lämmer, wenn auch der weitaus größere Teil, Lämmer bleiben dürfen, während der andere Teil Wölfe spielen müssen, oder, klassisch bürgerlich ausgedrückt, ein Teil der Wölfe müssen Lämmer spielen, und ein Teil der Wölfe dürfen Wölfe bleiben. Die Wölfe haben die Beute der Lämmer zu verwalten und sie gegen fremde Wölfe zu verteidigen, solange es noch fremde Wölfe gibt. Sollte es einmal keine fremden Wölfe mehr geben, dürfen auch die Lämmer, welche Wölfe spielen, wieder Lämmer werden, um so mehr, als dann die Lämmer, welche Lämmer bleiben dürfen, durch die fremden Wölfe nicht mehr verführt, endgültig Lämmer bleiben wollen und sich dann auch selbst verwalten können. Die Wölfe des

Gute-Hirte-Spiels sind deshalb Wölfe auf Zeit, humanistische Wölfe, gute Hirten. Zerfallen die Spieler des Wolfsspiels in spielsteinarme und spielsteinreiche Spieler, zerfallen die Spieler des Gute-Hirte-Spiels in Bewachte und Wächter.

Der formale Vorteil des Gute-Hirte-Spiels liegt darin, daß es keinen besonderen Schiedsrichter braucht, weil die Wölfe diese Rolle übernehmen können. Der Nachteil liegt darin, daß einerseits die Lämmer, die Lämmer bleiben müssen, davon träumen, Wölfe zu werden, deshalb um so schärfer bewacht werden müssen, so scharf, daß die Hauptaufgabe der Wölfe den Lämmern gegenüber bald darin besteht, die Lämmer zu hindern, auch Wölfe zu werden, und daß anderseits die Lämmer, welche Wölfe spielen dürfen, unbedingt Wölfe bleiben wollen, sich deshalb oft untereinander zerfleischen und sich endgültig als Wölfe etablieren.

Anders gesagt: Im Gute-Hirte-Spiel haben die Spieler bald wie im Wolfsspiel nur noch den Schiedsrichter (die etablierte Klasse der Wölfe) zum Gegner und sind damit ebenfalls hoffnungslos im Nachteil. In diesem Zeitpunkt des Gute-Hirte-Spiels haben sich die beiden Spiele derart angenähert, daß sich die Schiedsrichter kaum noch unterscheiden, um so mehr als die beiden die Spielregeln auszutauschen beginnen. Im Wolfsspiel sind plötzlich Spielzüge des Gute-Hirte-Spiels erlaubt, und das Gute-Hirte-Spiel läßt Spielregeln des Wolfsspiels zu: der Staat ist in beiden Spielbereichen zu mächtig geworden.

Auf unser Modell bezogen: Wir können seine revidierte Fassung auf beide Spielbereiche anwenden, illustrieren doch das Wolfsspiel und das Gute-Hirte-Spiel nicht die bürgerlichen und sozialistischen Theorien, sondern die bürgerliche und sozialistische Wirklichkeit. Auch die Gesellschaftsordnung, die der Sozialist baut, ist durch einen an der einsamen Quelle versteckten Polizisten hinreichend symbolisiert.

Kehren wir zu unserem Hügel zurück, setzen wir uns wieder neben den Propheten, lassen wir unseren Polizisten sich bei der einsamen Quelle verstecken, lassen wir auch die drei Reiter wieder herantraben, zweimal, einmal als bürgerliche, einmal als sozialistische Reiter. Das Resultat verwirrt uns.

Nun stellt ein Geldbeutel – oder sagen wir jetzt besser eine mit großen Banknoten prallgestopfte Brieftasche –, ein Geldbeutel enthält in unserer zivilisierten Welt ja nur Kleingeld – auch für einen Polizisten eine Versuchung dar. Die Besoldung von Polizisten ist oft mäßig. Einer Versuchung kann ein Polizist widerstehen oder erliegen. Erliegt der Polizist in unserem Falle der Versuchung, macht er sich entweder mit der vollgestopften Brieftasche davon, oder bleibt mit der gestohlenen Brieftasche weiterhin an der Quelle versteckt, bis einer der drei Reiter an der Quelle fällt. Dann wird der Polizist den Mörder verhaften. Ist der Verhaftete der erste Reiter, wird ihn der kriminelle Polizist, der seinen Diebstahl vertuschen muß, zudem beschuldigen, den Verlust der Brieftasche vorgetäuscht zu haben, etwa um einen Versicherungsschwindel zu inszenieren, doch sind es nicht diese Möglichkeiten, die uns verwirren.

Setzen wir daher ruhig voraus, daß der Polizist der Versuchung widerstehen würde, und im allgemeinen dürfen wir ja damit rechnen, ein anderer Umstand macht uns ratloser, taucht doch die Frage auf, wer denn schon in einem zivilisierten Lande zu Pferd mit einer gefüllten Brieftasche an eine einsame Quelle komme? Die armen Bürger eines kapitalistischen Staates oder die besitzlosen Bürger einer Volksdemokratie kommen zu Fuß, Holz einzusammeln, falls sie dürfen, ebenso die Pfadfinder oder die Komsomolzen, die in der einsamen Gegend herumstreifen, eine Übung abzuhalten, außerdem besitzen sie keine Brieftaschen, und wenn sie Brieftaschen besitzen, nicht Brieftaschen mit wesentlichen Beträgen. Auch Sportler kommen zu Fuß, einen Marathonlauf trainierend, aber nimmt man zu einem Training Brieftaschen mit? Sportreiter? Uns stört auch hier die Brieftasche. Wollen wir die Bedingungen unseres Modells erfüllen, bleibt uns nur eine Möglichkeit offen. Waren es vorher Durchschnittsreiter einer Zeit und eines Landes, wo das natürliche Fortbewegungsmittel das Pferd war, so gehören jetzt die Reiter exklusiven Kreisen an, denn in unserer modernen Zeit mit Eisenbahnen, Autos und Flugzeugen kommen an einsame Quellen zu Pferd und mit prallgefüllten Brieftaschen höchstens sehr reiche Kapitalisten oder überaus mächtige Parteimitglieder, die den Tag gesundheitshalber mit einem Morgenritt beginnen.

Unser Prophet sieht sich denn auf einmal etwa einem Großbankier, einem Großindustriellen und einem Spitzenpolitiker, handelt es sich um ein kapitalistisches, oder einem Marschall und zwei Mitgliedern des Politbüros gegenüber, handelt es sich um ein sozialistisches Land. An sich könnte nun durchaus der Großindustrielle die Brieftasche des Großbankiers stehlen und der Großbankier den Spitzenpolitiker ermorden, oder das erste Mitglied des Politbüros die Brieftasche des Marschalls entwenden und der Marschall das zweite Mitglied des Politbüros umbringen. Wie wird sich jedoch der Polizist verhalten? Als bürgerlicher Polizist wird er den Großindustriellen und den Großbankier wahrscheinlich verhaften, denn sein Gerechtigkeitssinn wird durch die Sensation beflügelt, die sein Einschreiten auslöst. Als Volkspolizist dagegen wird er wahrscheinlich nicht einschreiten. Er wagt es nicht. Doch sind das müßige Überlegungen, denn zu unserer Überraschung kommt es zu keinem blutigen Shakespeare-Drama. Es ist unwahrscheinlich, daß in einer so exklusiven Gesellschaft jemand eine Summe Geldes stiehlt, die eine Brieftasche enthalten kann, pflegt er doch die weitaus größeren Summen, die er benötigt, auf eine ganz andere, legale und viel wirkungsvollere Weise zusammenzustehlen; und noch unwahrscheinlicher ist es, daß jemand um einer für ihn derart lächerlichen Summe willen einen Mord begeht, denn in diesen Kreisen pflegt man anders und doch nicht minder wirkungsvoll gegen die Feinde vorzugehen. Wir brauchen nur Namen einzusetzen. Es ist unwahrscheinlich, daß Siemens die Brieftasche von Abs stiehlt und Abs Strauß ermordet, oder daß Breschnew sich der Brieftasche von Schukow bemächtigt und Schukow Kossygin erschlägt. Die Herren haben es nicht nötig. Es wird sich an der einsamen Quelle nichts ereignen, und der Prophet, etwas naiv, wie Propheten oft sind und um so hilfloser, weil wir ihn in unsere Zeit versetzt haben, würde ausrufen: »Allah, diese Welt ist endlich gerecht!« Doch kaum hätte der Prophet sein Urteil gefällt, würde er unter Allahs mächtiger Stimme zusammenzucken. »Du Narr«, würde Allah donnern, »was du als menschliche Gerechtigkeit bewunderst, ist in Wahrheit die menschliche Ungerechtigkeit, denn diese drei Reiter brauchten weder zu stehlen noch zu morden, weil sie an den Hebeln der menschlichen Macht sitzen, die ihnen weitaus schändlichere Ungerechtigkeiten straflos zu begehen erlaubt, als du in deiner Einfalt zu ahnen vermagst.« Doch – und hier müssen wir unsere Geschichte korrigieren – Allah würde diese Worte nur in einem bürgerlichen Staate ausrufen, in einem sozialistischen Staate würde er schweigen, seine Redefreiheit ist dort stark eingeschränkt.

Das ist die Geschichte vom Propheten und den drei Reitern. Wie wir die Geschichte auch modifizieren, immer stellt der Prophet die Ungerechtigkeit der Welt fest, muß sie feststellen – wenn auch in der letzten Variante ihn Allah persönlich aufzuklären hat –, Propheten geben radikale Urteile ab, wir wissen es. Daß diese radikalen Urteile dennoch eine Wahrheit enthalten, spüren wir, viele, am eigenen Leibe. Die Welt ist in Unordnung, und weil sie sich in Unordnung befindet, ist sie ungerecht. Dieser Satz scheint so evident, daß wir ihn ohne nachzudenken als wahr betrachten. Doch ist er in Wirklichkeit problematisch, weil die Gerechtigkeit problematisch ist. Die Gerechtigkeit ist eine Idee, die eine Gesellschaft von Menschen voraussetzt. Ein Mann allein auf einer Insel kann seine Ziegen gerecht behandeln, das ist alles. Eine Idee ist denkbar, es fragt sich nur, ob sie zu verwirklichen sei, ob sich eine gerechte Gesellschaftsordnung ebenso konstruieren lasse wie etwa eine Maschine.

Der Mensch kann das konstruieren, wovon er, von exakten Begriffen ausgehend, exakte Begriffe hat. Aus den exakten Begriffen entwickelt er seine exakten Systeme und Strukturen für die Bereiche seines Denkens und seiner Umwelt, die Zahlen, die Sekunde, den Meter, das Geld, die wissenschaftlichen Geräte, die Maschinen usw., nur er selbst läßt sich in keinen exakten Begriff verwandeln. Der Begriff Mensch ist ein Doppelbegriff. Er bezeichnet ein Besonderes und ein Allgemeines. Zwar gibt es viele Begriffe, die ein Besonderes und ein Allgemeines ausdrücken. Der Begriff Zahl kann eine bestimmte Zahl und alle Zahlen, der Begriff Hund einen besonderen Hund und alle Hunde meinen. Doch weder der Begriff Zahl noch der Begriff Hund stellt Begriffe auf, noch gibt es hinter den Begriffen, die wir uns von der Zahl und dem Hund machen, ein Wesen Zahl und ein Wesen Hund, die Begriffe aufstellen. Nur der Mensch stellt Begriffe von sich selbst auf. Die Problematik des Denkens spielt sich nur dort ab, wo gedacht wird. In seinem besonderen Begriff von sich selbst sondert sich der Mensch von den anderen Menschen ab, in seinem allgemeinen Begriff ordnet er sich den anderen Menschen zu. In seinem besonderen Begriff von sich selbst hält er an seiner Identität fest, um im allgemeinen Begriff nicht aufzugehen, in seinem allgemeinen Begriff gibt er seine Identität auf, um eine Funktion des allgemeinen Begriffs zu werden. In seinem besonderen Begriff von sich selbst sieht sich der Mensch als etwas Einmaliges, mit einem besonderen Schicksal behaftet, mit der Sicherheit sterben zu müssen und sich im Unbewußten verlierend, das die Vernunft nur zum Teil erhellt: Er sieht sich als Individualität. Ist der besondere Begriff Mensch ein existentieller Begriff, so ist der allgemeine Begriff Mensch ein logischer Begriff. Der existentielle Begriff leuchtet dem Menschen unmittelbar ein, der Mensch besitzt ihn gleichsam unbewußt, den logischen Begriff von sich selbst dagegen ermittelt er mittelbar: er muß ihn folgern. Mit ihm konzipiert sich der Mensch als ein Mensch unter Menschen, mit ihm wird sich der Mensch seiner Problematik bewußt, ein Mensch unter Menschen sein zu müssen. Indem der Mensch durch sein Denken zwei Begriffe von sich bildet, die sich nicht decken, wird er paradox. In seinem allgemeinen Begriff, den er von sich macht, ist sein besonderer Begriff nicht enthalten, den er auch von sich macht. In seinem allgemeinen Begriff klammert sich der Mensch als Individualität aus.

Wollen wir eine gerechte Gesellschaftsordnung konstruieren, gibt es daher vom Material Mensch her, das uns zum Bau zur Verfügung steht, zwei Konstruktionsmöglichkeiten. Wir können vom besonderen Begriff des Menschen ausgehen, vom Individuum, oder vom allgemeinen Begriff des Menschen, von der Gesellschaft. Wir müssen wählen. Doch bevor wir wählen, müssen wir uns über die Gerechtigkeit klar werden, die wir durch eine Gesellschaftsordnung verwirklichen können. Doch wie der Mensch zwei Begriffe von sich aufstellt, besitzt er auch zwei Ideen von der Gerechtigkeit. Das Recht des Einzelnen besteht darin, er selbst zu sein: dieses Recht nennen wir Freiheit. Sie ist der besondere Begriff der Gerechtigkeit, den ein jeder von sich macht, die existentielle Idee der Gerechtigkeit. Das Recht der Gesellschaft besteht dagegen darin, die Freiheit eines jeden einzelnen zu garantieren, was sie nur vermag, wenn sie die Freiheit eines jeden einzelnen beschränkt. Dieses Recht nennen wir Gerechtigkeit, sie ist der allgemeine Begriff der Gerechtigkeit, eine logische Idee.

Die Freiheit und die Gerechtigkeit stellen die beiden Ideen dar, mit denen die Politik operiert, durch die sie den Menschen insoweit in den Griff bekommt, als sie beide Ideen berücksichtigt. Läßt die Politik eine der Ideen fallen, wird sie fragwürdig. Ohne Freiheit wird sie unmenschlich und ohne Gerechtigkeit ebenfalls. Dennoch ist die Beziehung der Freiheit zur Gerechtigkeit problematisch. Eine allgemeine Phrase definiert die Politik als die Kunst des Möglichen; sieht man jedoch genauer hin, erweist sie sich als die Kunst des Unmöglichen. Die Freiheit und die Gerechtigkeit bedingen einander nur scheinbar. Die existentielle Idee der Freiheit steht auf einer anderen Ebene als die logische Idee der Gerechtigkeit. Eine existentielle Idee ist emotional gegeben, eine logische Idee konzipiert. Es läßt sich eine Welt der absoluten Freiheit denken und eine Welt der absoluten Gerechtigkeit. Diese beiden Welten würden sich nicht decken, sondern einander widersprechen. Beide würden zwar eine Hölle darstellen, die Welt der absoluten Freiheit einen Dschungel, wo der Mensch wie ein Wild gejagt, die Welt der absoluten Gerechtigkeit ein Gefängnis, wo der Mensch zu Tode gefoltert wird. Die unmögliche Kunst der Politik besteht darin, die emotionale Idee der Freiheit mit der konzipierten Idee der Gerechtigkeit zu versöhnen; das ist nur auf der Ebene des Moralischen möglich und nicht auf der Ebene des Logischen. Anders gesagt: Die Politik vermag nie eine reine Wissenschaft zu sein.

Den Konstruktionsversuch einer gerechten Gesellschaftsordnung vom Individuellen her können wir vereinfachend mit dem Wolfsspiel gleichsetzen, jenen vom

Allgemeinen her mit dem Gute-Hirte-Spiel. Halte ich das Wolfsspiel für gerecht, so besteht für mich dessen Gerechtigkeit darin, daß es jeden Spieler und dessen Beute sichert, insofern er sich an die Spielregeln hält. Die Freiheit eines jeden einzelnen ist dabei dadurch gewahrt, daß die Spielregeln ein geschicktes, aber nicht ein falsches Spiel erlauben. Gerechtigkeit und Freiheit des Wolfsspiels decken sich somit nur für die spielsteinreichen Spieler oder für jene, die hoffen können, durch ein geschicktes Spiel spielsteinreiche Spieler zu werden. Für die spielsteinarmen Spieler dagegen, die keine Hoffnung mehr haben, spielsteinreiche zu werden, oder für diejenigen, die nicht geschickt zu spielen verstehen, decken sich Freiheit und Gerechtigkeit des Wolfsspiels nicht: Sie sind zwar frei, doch nicht in der Lage, ihre Freiheit auszunützen, so daß ihnen ihre Freiheit als eine Unfreiheit und die Gerechtigkeit des Spiels als eine Ungerechtigkeit vorkommt. Sie neigen dazu, ihre Hoffnung auf das Gute-Hirte-Spiel zu setzen, oder beginnen regelwidrig zu spielen. Der einsichtige Spieler fordert daher vom Schiedsrichter, das Spiel gerechter zu führen oder für die meisten gerechter zu machen. Gerechter, indem der Schiedsrichter von den spielsteinreichen Spielern höhere Abgaben von ihrer Beute verlangt, oder für die meisten gerechter, indem dafür gesorgt wird, daß sich die spielsteinreichen Spieler und diejenigen, die hoffen können, spielsteinreiche zu werden, in der Mehrheit befinden. Ist das unmöglich, bilden die spielsteinreichen Spieler eine Minderheit. Sie gehen, um das Wolfsspiel weiterhin möglich zu machen, dazu über, den Schiedsrichter selbst zu stellen. Damit werden die Freiheit und die Gerechtigkeit des Wolfsspiels illusorisch: die spielsteinarmen sind von den spielsteinreichen Spielern abhängig. Gerechtigkeit und Freiheit sind nur für die nützlich, die davon profitieren, die Moral wird ein Vorrecht der spielsteinreichen Spieler. Wird jedoch der Schiedsrichter allmächtig, indem er durch erhöhte Abgaben, die ihm die spielsteinreichen Spieler entrichten müssen, das Spiel derart nivelliert, daß alle Spieler von ihm abhängig werden, so wird das Wolfsspiel selbst illusorisch und zum versteckten Gute-Hirte-Spiel. Diese Schwierigkeiten, in die das Wolfsspiel immer wieder gerät, zwingen es dazu, die Idee von einer gerechten und freien Gesellschaftsordnung, die es ursprünglich verwirklichen wollte und die zu einer ungerechten und unfreien Ordnung führte, als Argument einzusetzen, die ungerechte Gesellschaftsordnung beizubehalten. Das Wolfsspiel wird ideologisch. Eine Gesellschaftsordnung braucht dann eine Ideologie, wenn sie nicht mehr stimmt.

In ähnliche Schwierigkeiten gerät das Gute-Hirte-Spiel. Es steht vor einem Verteilungsproblem. Dieses Problem scheint bloß technischer Natur zu sein, erweist sich jedoch als schwierig. Für den einzelnen Spieler ist es nicht gleichgültig, ob die Spielbeute, die er beim Spielen gewinnt, ihm oder allen gehört, weil die Spielbeute selbst den Anreiz zum Spiel darstellt. Gehört die Spielbeute allen, wird das Spiel reizlos, die Spielintensität läßt nach, die Spieler beginnen am Spiel desinteressiert zu werden. Der Spieler wird in seiner Natur als Spieler verletzt, denn die Neigung, die Spielbeute als ein persönliches Eigentum zu betrachten, ist natürlich. Der Spieler hat ein moralisches Anrecht auf seine Spielbeute, dieses moralische Anrecht ist ein Teil seiner Freiheit. Die Verteilung der zum allgemeinen Besitz erklärten Spielbeute kann deshalb nicht ohne Gewalt geschehen: Sie muß nicht nur verteilt, sondern auch eingetrieben werden.

Wer das Gute-Hirte-Spiel fordert, muß sich taktisch an jene spielsteinarmen Spieler des Wolfsspiels wenden, deren Spielbeute von der Spielbeute anderer Spieler abhängt. Diesen spielsteinarmen abhängigen Spielern scheint es gerechter, wenn ihre Spielbeute einen Teil der allgemeinen Spielbeute darstellt als einen Teil der Spielbeute eines Einzelnen oder einer Gruppe von Einzelnen.

Ich gelange auf verschiedene Weise zu einer Spielbeute. Etwa indem ich ein Produkt herstelle und für dieses Produkt Spielsteine verlange, oder indem ich als spielsteinreicher Spieler einem anderen Spieler Spielsteine leihe und mehr zurückverlange, als ich geliehen habe. Produzent und Käufer oder Gläubiger und Schuldner bilden Spielersysteme, die erweitert werden können in der Weise etwa, daß ein Spieler mit anderen Spielern ein Produkt herstellt, das von anderen Spielern in ein Produkt verwandelt wird und so fort, bis das Endprodukt von einem Endspieler direkt ins Spiel geworfen wird. Die Spielbeuten der verschiedenen Mitspieler, die in verschiedenen Produktionsstufen an der Herstellung des Endproduktes beteiligt sind, werden vom Endspieler entrichtet, der seine Spielbeute aus dem Verkauf des Endproduktes erzielt; die Spielbeuten der verschiedenen Mitspieler fallen daher um so niedriger aus, je mehr Mitspieler ein Spielersystem aufweist. Da die Mitspieler nicht nur vom Spielersystem abhängig sind, innerhalb dessen sie spielen, sondern auch vom Endspieler, der mit dem Spielersystem als Ganzem spielt, sind sie abhängige und damit unfreie Spieler: Arbeiter. Da die Produkte der heutigen Technik nur durch komplizierte und zum Teil gewaltige Spielersysteme (Industrie) hergestellt werden können, ist der unfreie Mitspieler die Regel geworden, der freie Endspieler die Ausnahme (Unternehmer): Wir leben in einer Arbeiterwelt. Auch treten anstelle des freien Endspielers meistens Gruppen von spielsteinreichen Spielern, die sich gemeinsam an der Endspielbeute eines Spielersystems beteiligen. Wie sich die abhängigen Spieler zu Spielersystemen verknüpfen, verknüpfen sich die einzelnen Spielersysteme zu noch höheren Spielersystemen, verknüpfen sich aber auch die Endspieler und die spielsteinreichen Spielergruppen zu einem Geflecht, welches die Freiheit des einzelnen Spielers fiktiv macht. Alles ist aufeinander bezogen und miteinander verflochten.

Wenn daher vorgeschlagen wird, den freien Einzelspieler abzuschaffen und das Spielsystem des Wolfsspiels in das einheitliche Spielsystem des Gute-Hirte-Spiels zu verwandeln, so ist diese Forderung insofern bereits erfüllt, als das Wolfsspiel in Wirklichkeit hauptsächlich zu einem Spiel der verschiedenen Spielersysteme untereinander geworden ist. Das Wolfsspiel stellt daher in vielem eine evolutionäre Entwicklung dar, die zu einem gemilderten Gute-Hirte-Spiel führt, während das Gute-Hirte-Spiel, will es sich weiterentwickeln, in eine Krise gerät: Es versucht zwar, die Spielbeute für alle zu sichern, muß aber die verschiedenen Spielersysteme, durch die allein Produkte hergestellt werden können, beibehalten. Auch in ihm bleibt daher ein unfreier Spieler ein unfreier Spieler: frei ist er nur insofern, als es keine freien Spieler mehr gibt. Weil das Gute-Hirte-Spiel die verschiedenen Spielersysteme beibehalten muß, steht es daher vor der

Wahl, sich entweder dem Wolfsspiel zu nähern und in irgendeiner Form freie Spielersysteme einzurichten oder seine verschiedenen Spielersysteme zu einem einzigen Spielsystem zu koordinieren: Damit schmölze es jedoch endgültig zu einem Riesenmolekül zusammen, in welchem die kleinste Fehlplanung das Gute-Hirte-Spiel zu behindern, ja lahmzulegen vermöchte.

Indem das Gute-Hirte-Spiel den unfreien Spieler nicht zu befreien vermag, muß es doch diesem das Gefühl geben, er sei frei: Auch das Gute-Hirte-Spiel kommt ohne Ideologie nicht aus. Damit drängt sich die Frage auf, weshalb jene, welche die Macht innehaben, ob sie nun als Wölfe über Wölfe oder als Wölfe über Lämmer regieren, überhaupt eine Ideologie benötigen, ihre Macht auszuüben, und weshalb jene, die an die Macht streben, sie mit einer Ideologie begründen. Mit anderen Worten: Warum läuft Breschnew als Kommunist und Strauß als Christ herum, in Rollen, die ihnen doch eigentlich niemand abnehmen sollte und die ihnen die Schmiere Welt dennoch abnimmt, und warum geben sich die beiden nicht als das, was sie sind: Als Machtmenschen? Die Ideologien sind die Kosmetika der Macht, doch wozu braucht sich die Macht zu schminken? Einerseits sind politische Ideologien Philosophien, politische Zustände zu verewigen oder zu verändern. Die Politik spielt sich auf der Ebene der Macht ab, die Philosophie auf der Ebene des Geistes. Eine Ideologie ist ein Versuch, durch Anwendung irgendeiner Philosophie auf die Macht Einfluß zu nehmen. Da aber die Macht stärker ist als der Geist, von dem sie nur allmählich und mittelbar verwandelt wird, und der Traum des Menschen darin liegt, daß es umgekehrt sein möge, ist die Macht um so mächtiger, je geistiger sie sich gibt. Breschnew als Kommunist und Strauß als Christ werden Vertreter geistiger Prinzipien. Ideologien sind Ausreden, an der Macht zu bleiben, oder Vorwände, an die Macht zu kommen. Aber die Macht kann nur mit den Mitteln der Macht behauptet oder erobert werden: Mit der Gewalt. So rechtfertigen die Ideologen nicht nur die Macht, sie verklären auch die Gewalt, mit deren Opfern sie nachträglich wie Beerdigungsinstitute verfahren: Sie richten her, was sie hingerichtet haben. Anderseits kann der Trieb, Gewalt mit Ideologien zu rechtfertigen, nicht bloß ästhetisch erklärt werden. Wer im Blute watet, zieht zwar gern Stiefel an, aber es muß noch einen weiteren Grund geben, weshalb der Mensch, der die Natur zur Sache seines Denkens macht, sich unsachlich verhält, geht es um seine Sache. Dieser Grund liegt nicht allein in der gesellschaftlichen Organisation des Menschen, er ist in ihm selbst.

Meine Damen und Herren, wenn ich zu Beginn meiner Rede ankündigte, meine Rede von zwei Geschichten aus *Tausendundeiner Nacht* abzuleiten, so geschah das sicher auch, um die Spannung aufrechtzuerhalten, wann denn eigentlich die zweite Geschichte beginne, indem ich meinen Ausführungen jenen erzähltechnischen Dreh verlieh, womit die Geschichten aus *Tausendundeiner Nacht* in Schwung gehalten werden. Die erzählerische Technik dieser Geschichten besteht darin, aus einer Geschichte eine zweite und aus der zweiten eine dritte Geschichte sich entwickeln zu lassen und so fort, bevor die angefangenen Geschichten ihr Ende finden, mit gutem Grunde freilich, kam doch mit diesem System Schehrzâd tausendundeine Nacht lang über die Runden; wäre dem König Schehrijâr nur in einer Nacht, sagen wir in der dritten oder siebenhundertzwölften, die Lust auf weitere Geschichten vergangen, wäre es am folgenden Morgen um den Kopf der schönen Schehrzâd geschehen gewesen; daß Schehrzâd nach der tausendundersten Nacht nicht enthauptet wurde, lag wohl bloß am König, der sich offenbar an sie gewöhnt hatte, gebar sie ihm inzwischen doch drei Knaben.

Nun will ich nicht gerade behaupten, mich in der gleichen Lage wie Schehrzâd zu befinden, obgleich ich vor Studenten spreche, aber ich habe eine Rede über ›Gerechtigkeit und Recht‹ zu halten und keine Abhandlung darüber zu schreiben. Eine Abhandlung erträgt Anmerkungen, sie kann immer wieder nachgelesen werden, auch geben ihr Anmerkungen einen gewissen profunden Anstrich; eine Rede läßt Anmerkungen nur schwer zu, sie hat unmittelbar zu wirken. Ihre Gedanken, falls sie welche enthält, müssen augenblicklich einleuchten, oder man läßt ihre Gedanken gleich so dunkel, daß sie von niemandem verstanden werden: man hält dann eine tiefe Rede. Da ich mich jedoch bemühe, eine verständliche Rede zu halten, komme ich nicht darum herum, zu einigen meiner Gedanken, die nicht selbstverständlich sind, einige Anmerkungen zu machen, denn eine Rede mit nur selbstverständlichen Gedanken wäre wieder so selbstverständlich, daß sie nicht gehalten werden müßte; um jedoch diese Anmerkungen dennoch anbringen zu können, wende ich die erzählerische Technik aus *Tausendundeiner Nacht* an und arbeite mit Schachtelgeschichten. So schob ich in die Geschichte vom Propheten an der einsamen Quelle die Geschichte vom Wolfsspiel und vom Gute-Hirte-Spiel ein, und nicht nur das: Ich kam auch mit einer Geschichte, die sich gar nicht wie eine Geschichte anhört, sondern wie eine Philosophie. Ich erzählte eine abstrakte Geschichte: die Geschichte nämlich, der Mensch bilde von sich zwei Begriffe. Einen besonderen, existentiellen und einen allgemeinen, logischen. Ging ich vorher dichterisch leichtsinnig vor, so nun philosophisch leichtsinnig, wobei ich die Frage offen lassen möchte, ob dichterischer Leichtsinn Philosophie oder philosophischer Leichtsinn Dichtung abgebe. In Wahrheit geht es mir bloß darum, mit einer gedanklichen Konstruktion den Ideen ›Freiheit‹ und ›Gerechtigkeit‹ einen bestimmten Inhalt zu geben, über den sich innerhalb meiner gedanklichen Konstruktion diskutieren läßt. Wie wir jedoch die dichterische Geschichte vom Propheten an der einsamen Quelle variierten, läßt sich auch die abstrakte Geschichte von den zwei Begriffen variieren, die der Mensch von sich macht. Wie die Geschichten vom großen Wolfsspiel und vom Gute-Hirte-Spiel dazu dienten, zwei verschiedene wirtschaftliche Gesellschaftsordnungen zu zeichnen, dient die Variation der abstrakten Geschichte dazu, zwei verschiedene emotionale Gesellschaftsordnungen zu errichten, wobei die eine vom Existentiellen her erzielt, die andere vom Logischen her konzipiert ist.

Der Mensch neigt dazu, den existentiellen, besondern Begriff, den er von sich macht, zu erweitern und den logischen, allgemeinen Begriff, den er aus sich folgert, zu verengen. Hätte der Mensch diese Neigung nicht, stünde er als asoziales Einzelwesen der übrigen Menschheit gegenüber, in einer Position, die im allgemeinen nur vom Verbrecher eingenommen wird. Der Mensch erweitert sein *Ich* zu einem *Wir,* mit dem er sich identifiziert, und reduziert die Menschheit, zu der er doch auch gehört, zu den *Andern,* mit denen er sich nicht identifiziert: im Gegenteil, er vermag die *Andern,* wenn er sie haßt, in den *Feind* zu verwandeln. Er stellt emotionale Realitäten auf, das intimere *Wir* und das allgemeinere *Uns,* den intimeren *Feind* und die allgemeineren *Andern.* Zum *Wir* gehören die Frau, die Familie, die Freunde und so weiter; zum *Uns* der eigene Stamm, das eigene Volk, die eigene Rasse und so weiter. Unter den Begriff des *Andern* fällt der Fremde, der andere Stamm, das andere Volk, die andere Rasse, alles, was unter Umständen zum *Feind* werden kann, zum feindlichen Stamm, zum feindlichen Volk, zur feindlichen Rasse. Diese Vermutung einmal angenommen, setzt die Politik die Ideologie dafür ein, daß sie mit ihrer Hilfe die gesellschaftlichen Institutionen, denen eigentlich nur verwaltungstechnische und schiedsrichterliche Funktionen zukämen, in emotionale Realitäten verwandelt, mit denen sich der Einzelne zu identifizieren vermag. Darum fällt der Mensch denn auch immer wieder auf die Politik herein. Die emotionale Seite der Politik ist ebenso mächtig wie ihr ökonomischer Aspekt: Aus dem Staat wird die Heimat, das Vaterland.

Auf das große Wolfsspiel bezogen: der Einzelwolf bildet instinktiv mit seinem Rudel ein *Wir,* dem ein Leitwolf vorsteht, der nicht nur das Rudel, sondern auch den Einzelwolf repräsentiert, der sich seinerseits mit dem Leitwolf zu identifizieren vermag. Die einzelnen Leitwölfe führen, arbeiten sie zusammen, ein Großrudel an, ein *Uns*, mit dem sich die Leitwölfe und die Einzelwölfe identifizieren. Führen die Leitwölfe das *Uns* gemeinsam, ergibt sich eine demokratische Wolfsgemeinschaft, werden die Einzelwölfe von einem Hauptwolf oder von einer Clique von Leitwölfen beherrscht, entsteht eine Wolfsdiktatur. Das Großrudel, unabhängig von seiner Organisation, stellt für den gewöhnlichen Einzelwolf eine Überperson dar oder, um im Gleichnis zu bleiben, einen Überwolf, mit dem er sich identifiziert: Je mächtiger der Überwolf ist, desto mächtiger fühlt sich auch der Einzelwolf. Wieder in die Menschenwelt zurücktransponiert: Aus dem Staat wird das Vaterland, das man liebt, für das man tötet und für das man sich töten läßt: froh noch im Todesstreich.

Dennoch besitzt der Staat, gibt er sich als die emotionale Realität Vaterland aus, eine schwache Stelle: der Einzelwolf identifiziert sich mit ihm nur in der Emotion. Fehlt diese Emotion, wird der Überwolf für den Einzelwolf wieder eine bloße Institution, ein mehr oder weniger gerechter Schiedsrichter, den die im Wolfsspiel verstrickten Einzelwölfe bald kritisieren, bald verfluchen – welcher Spieler akzeptiert ohne Widerspruch die Regelauslegungen eines Schiedsrichters. Damit ist der Überwolf in Nöten, seine Ideologie wird nicht mehr geglaubt, aus einem *Uns* wird der *Andere*, ja der *Feind*. Das Problem des Überwolfs ist der Friede. Im Frieden muß er seine Notwendigkeit beweisen, nicht in der Gefahr, die im allgemeinen nur eine Krise oder ein Krieg sein kann, die dann den Staat durch die Emotionen, die sie auslösen, in ein Vaterland verwandeln.

Doch läuft der Krieg nie ernsthaft Gefahr, in einen echten Frieden auszuarten. Im Wolfsspiel herrscht immer Kriegszustand. Im Frieden bekämpfen sich die Überwölfe ebenfalls, zerfleischen sich die Leitwölfe, zerreißen sich die Einzelwölfe auf wirtschaftlichem Gebiet. Dazu kommt die menschliche Neigung, auch im Frieden ein *Wir,* mit dem sich der Einzelwolf gern identifiziert, und einen *Feind* zu konstruieren, von dem er sich bedroht fühlt. Ein solches *Wir* ist der internationale ›Jet-Set‹, dessen ideologische Funktion innerhalb des Wolfsspiels in der Demonstration besteht, wie weit es ein spielsteinreicher Einzelwolf bringen kann; er darf sich erlauben, was sich ein spielsteinarmer Wolfsspieler nicht erlauben kann: Alles. Jeder Einzelne dieser Gesellschaft ist ein Beweis, daß es innerhalb des großen Wolfsspiels Chancen gibt, daß es möglich ist, das große Los zu ziehen; deshalb ist denn auch diese Gesellschaft international, das große, intime *Wir* der spielsteinärmeren Wölfe, die wie unbegabte, aber leidenschaftliche Schachspieler, unterstützt von einer gewaltigen Illusionsindustrie (Presse, Film), davon träumen, einmal Schachweltmeister zu werden. Ferner steht neben dem intimeren *Wir* auch ein allgemeineres *Uns,* worauf die Wölfe stolz sind und das ihren Staat in ein Vaterland verwandelt: Die Deutschen sprechen etwa von ›Unserer Fußballmannschaft‹, von ›Unserem Goethe‹, von ›Unserem Schiller‹ (hier sogar in doppeltem Sinne), und wir Schweizer stehen hinter ›Unserer Uhrenindustrie‹, glauben an ›Unseren Pestalozzi‹, verehren ›Unseren Gottfried Keller‹. Diesem *Wir* und diesem *Uns* stehen die *Andern* und der *Feind* gegenüber. Ursprünglich war für den Wolfsspieler der *Feind* der Gute-Hirte-Spieler, wie umgekehrt für den Gute-Hirte-Spieler der Wolfsspieler der *Feind* war. Doch in Friedenszeiten ist auch der *Feind* ein anderer als im Krieg: Im Kriege entwickelt sich der *Feind* aus dem *Andern*, im Frieden aus dem *Uns*. Wie für Allah und wie für den Teufel der *Feind* weder der Teufel noch Allah ist, sondern der Atheist, der weder an Allah noch an den Teufel glaubt, so sind für die beiden Spiele die Intellektuellen zum *Feind* geworden. Die beiden Gesellschaftsformen, die wir heute vorfinden, haben als bloße Ordnungssysteme der Macht ihre eigenen Ideologien, an denen sie festhalten, dermaßen verraten, daß die Rebellion gegen sie nur noch recht haben kann, was nicht ausschließt, daß sie nicht stets das Rechte tut.

Helvetisches Zwischenspiel

Bilden sich aus den emotionalen Realitäten des *Wir*, des *Uns*, des *Andern* und des *Feindes* im Wolfsspiel Vaterländer, die durch ihre Ideologie einen bestimmten politischen Inhalt bekommen, so reden wir, meine Damen und Herren, da ich als Schweizer zu Ihnen rede, höflicherweise weiterhin von der Schweiz, untersuchen wir das Beispiel einer Wolfsspiel-Politik und die Widersprüche, in die sie sich verwickelt. Jeder Staat besitzt eine Ideologie, die das Resultat seiner ökonomischen, internationalen, historischen und emotionalen Struktur ist. Die Ideologie der Schweiz besteht darin, daß sich die Schweiz passiv stellt. Die Schweiz ist ein Überwolf, der sich, indem er sich als neutral erklärt, als ein Überlamm deklariert. Mit anderen Worten: die Schweiz ist ein Überwolf, der verkündet, keine aggressiven Absichten anderen Überwölfen gegenüber zu hegen. Der Erfolg ist denn auch erstaunlich, nicht einmal der Überwolf Hitler fraß den als Lamm verkleideten Überwolf Schweiz auf.

Dennoch gerät die Schweiz mit ihrer Ideologie, sie sei ein Lamm, in ein Dilemma, weil der Schweizer wie jeder Wolf ein Wolf ist, was zur Definition zwingt, die Schweiz bestehe aus Wölfen, die von einem Überlamm beschützt werden. Die Unmöglichkeit dieser Konzeption ist offensichtlich, sie ist jene der geistigen Landesverteidigung; ein merkwürdiges Phänomen, denn wenn etwas nicht geistig verteidigt werden kann, ist es ein Staat.

Ein Staat hat zwar mehr mit Geist zu tun, als mancher denkt. Als Institution muß er verwaltet werden, eine Tätigkeit, die, im Gegensatz zur Meinung vieler Beamter, des Geistes bedarf; auch müssen in ihm zwei geistige Kräfte wirksam bleiben, will er nicht sinnlos weiter existieren, die Kraft des Bewahrens und die Kraft des Vorherplanens. Seine Existenz jedoch braucht keine Begründung, geht er unter, existiert er nicht mehr und braucht auch nicht mehr begründet zu werden.

Wer sich geistig zu verteidigen versucht, muß Furcht oder ein schlechtes Gewissen haben. Die Schweiz hat beides: ein schlechtes Gewissen, weil sie sich als Lamm ausgibt und deshalb an die Menschlichkeit der Wölfe appelliert, sich ihnen nützlich zu machen versucht und die Nachtapotheke des Roten Kreuzes unterhält; Furcht, weil sie in Wirklichkeit eben doch ein Wolf ist, freilich ein so kleiner, daß sie sich ständig fürchtet, von anderen Wölfen zerrissen zu werden, und deshalb instinktiv die Zähne fletscht, um dann, weil sie ihrem eigenen Biß nicht so recht traut, wiederum geistige Landesverteidigung zu betreiben. Die geistige Landesverteidigung ist eine Schraube ohne Ende.

Zwar müßte ein Land eigentlich erst dann zur geistigen Landesverteidigung greifen, würde für dieses Land die Weltlage ernst. Weil jedoch die geistige Landesverteidigung, soll sie im Ernstfall funktionieren, wie jede Verteidigung geübt werden muß, ist die Weltlage für die Schweiz immer ernst. So unrecht hat sie zwar damit nicht, doch ist nicht zu leugnen, daß die Schweiz eines jener Länder darstellt, das, um sich geistig verteidigen zu können, vom kalten Kriege lebt. Doch genügt der Ernst der Weltlage nicht, ein Land geistig zu verteidigen, das Land selbst muß besonders verteidigungswürdig sein. Es stellt sich deshalb die Frage, welche Eigenschaften des Schweizers die Schweiz verteidigungswürdig machen; besäße der Schweizer keine besonderen Eigenschaften, so ließe sich das Land wirtschaftlich an Süddeutschland und hotelmäßig ans Tirol angliedern; auch unsere Großbanken und Waffenfabriken lassen sich besser ökonomisch als geistig begründen. Deshalb muß die Schweiz durch ihre geistige Landesverteidigung zu einem ungewöhnlichen, gottgewollten Überwolf, zu einer metaphysischen Größe, zu einem Heiligtum erklärt werden. Damit wird sie dem Schweizer gleichsam entrückt. Er muß darum, will er sich geistig verteidigen, dem entrückten Heiligtum entsprechen: er hat ein besonders edler Edelwolf zu sein, ein Edelwolf, dessen Eigenschaften sich aus den Prämissen seines Wolfsspiels folgern lassen: er muß frei sein, gehorsam, kapitalistisch, sozial, demokratisch, föderalistisch, gläubig, anti-intellektuell und wehrbereit. Diese Eigenschaften verlangen Präzisierung.

Frei und Gehorsam: Auch das schweizerische Wolfsspiel, vom Individuellen her konzipiert, steht unter der Idee der Freiheit, gleichzeitig wird diese Freiheit eingeschränkt, damit das Spiel funktioniert. Der Einzelne muß frei und gehorsam sein. Besonders dieser Zwiespalt führt zur Konstruktion des Überwolfes Staat, der alle jene Freiheiten besitzt, die ein ins Wolfsspiel verstrickter Einzelwolf zwar nicht mehr besitzt, von denen er sich jedoch einbildet, sie noch zu besitzen. Die Tatsache etwa, daß die Schweiz dem Schweizer unabhängig vorkommt, verleitet den Schweizer zum Glauben, er sei frei. Als eingefleischter Wolfsspieler ist für ihn die Freiheit mit der Unabhängigkeit identisch. Aus der Unabhängigkeit eines Staates folgt jedoch nicht ohne weiteres die Freiheit seiner Bürger. Die Unabhängigkeit ist wohl eine Voraussetzung für die Freiheit, solange es noch andere Überwölfe gibt, aber nicht mehr als eine Voraussetzung. Die Unabhängigkeit ermöglicht die Freiheit, aber garantiert sie nicht. Doch hält die geistige Landesverteidigung an der Formel Unabhängigkeit = Freiheit fest; täte sie das nicht, begänne der Schweizer über seine persönliche Freiheit nachzudenken und würde als Staatsbürger suspekt. Denn dann könnte er auch die Formel Freiheit = Gehorsamkeit nicht ohne weiteres akzeptieren, welche die geistige Landesverteidigung aus der ersten Formel ableitet, ist es doch ihre Taktik, die Freiheit des Schweizers der Unabhängigkeit der Schweiz zu opfern. Damit löscht sie die Realität Schweiz aus, um der Ideologie Schweiz Platz zu machen, oder, um in unserem Gleichnis zu bleiben: der Schweizer hat einen Wolf im Lammfell darzustellen, will er ein guter Eidgenosse sein.

Kapitalistisch und sozial: Auch wenn sich ein Wolf ein Lammfell überzieht, bleibt er ein Wolf, und das einzig mögliche Spiel, das ihn überzeugt, ist das Wolfsspiel; nur so kann dem Einzelwolf, der sich als Lamm maskieren muß, bestätigt werden, daß er trotzdem ein Wolf ist. Dennoch bleibt ein Problem ungelöst: die Abhängigkeit der spielsteinarmen von den spielsteinreichen Spielern, was die Neigung der spielsteinarmen Spieler begünstigt, das Gute-Hirte-Spiel einzuführen, das heißt, nicht nur verkleidete Wölfe, sondern wirkliche Lämmer zu werden. Die Unmöglichkeit des reinen Wolfsspiels haben wir schon aufgezeigt. Wie es einen revisionistischen Sozialismus gibt, gibt es einen revisionistischen Kapitalismus, der sich sozial stellen muß, um der kapitalistischen Grundstruktur des Landes ein Alibi zu liefern, kapitalistisch bleiben zu können; gleichzeitig liefert er den Gute-Hirte-Spielern ein Alibi, mit den Wölfen mitzuheulen. Alles in allem eine Tendenz, die der geistigen Landesverteidigung ästhetisch entgegenkommt: Sozialistische Schweiz klingt schlecht, soziale Schweiz klingt fortschrittlich.

Demokratisch und föderalistisch: Die Demokratie ist eine der großen politischen Ideen des Menschen. Dazu finden sich in der Schweiz Ansätze, wenn auch eine Demokratie ohne Frauenstimmrecht unvollständig ist. Die Demokratie ist ein Versuch, innerhalb eines Machtsystems möglichst viele an der Macht zu beteiligen: die Mehrheit herrscht über die Minderheit.

Doch je komplizierter ein Staat wird, desto komplizierter wird die Durchführung der Demokratie; die Schweiz, in der noch Möglichkeiten einer direkten Demokratie bestehen, macht davon keine Ausnahme. Ein Land muß nicht nur regiert, es muß auch verwaltet werden. Es sind nicht nur Beschlüsse zu fassen, sie sind auch zu verwirklichen: Die Politik setzt sich aus Politikern zusammen, die die Politik beschließen, und aus Beamten, die die Politik durchführen.

Je komplizierter nun der gesamtpolitische Apparat eines Landes wird, desto mehr werden Politiker Beamte und Beamte Politiker. Unser Parlament setzt sich heute weitgehend aus Beamten und Funktionären zusammen, ein Trend, der durch die Neigung des Wolfsspiels und des Gute-Hirte-Spiels, die Gesellschaft in ein unübersichtliches Machtsystem zu verfilzen, noch unterstützt wird. Das Parlament repräsentiert in Wirklichkeit nur sich selbst und nur ideologisch das Volk. Die Struktur der modernen Gesellschaft, in der ein jeder irgendwie ein Angestellter ist, arbeitet der Demokratie entgegen. Ein jeder ist gewohnt, sich verwalten zu lassen. Die Demokratie setzt jedoch Kritik voraus und die Angewohnheit, der Regierung auf die Finger zu sehen. Ein Parlament dagegen, das nur aus Beamten und Funktionären besteht, kommt in Versuchung, dem Volke vorzuschreiben, wie es zu sein hat, und wie jener zürcherische Polizeikommandant, der sich im Fernsehen über den Haarschnitt der Jugendlichen ärgerte, fordern auch unsere Politiker einen geistigen Einheitshaarschnitt: den der geistigen Landesverteidigung. Wir haben gehorsame Demokraten zu sein. Die geistige Landesverteidigung versucht, die Demokratie, die nicht mehr funktioniert, als funktionierend darzustellen: wir sollen uns zwar Demokraten nennen, aber dürfen keine sein. Ebenso verfährt sie mit dem Föderalismus. Die geistigen Landesverteidiger nennen den Staat mit Vorliebe Heimat und rücken ihn damit ins Sentimentale: Der Schweizer soll nicht einen Staat verteidigen, sondern sein Tal.

Gläubig und anti-intellektuell: Strenggenommen setzt die geistige Landesverteidigung den Glauben an eine emotionale Realität voraus, die in Wirklichkeit nicht ›an sich existiert‹. Der Staat ist keine emotionale, sondern eine konstruierte Realität, einem Kunstwerk nicht unähnlich. Seine Funktion besteht darin, das Zusammenleben der Menschen zu erleichtern. Eine Funktion muß nachgeprüft werden können. Sie setzt Kritik voraus, denn funktioniert sie nicht, müssen ihre Prämissen überprüft werden, wobei die Unterscheidung zwischen niederreißender und aufbauender Kritik ebenso unsinnig ist wie die zwischen positiver und negativer Kunst. Entweder stimmt eine Kritik, dann ist sie berechtigt, oder sie stimmt nicht, dann ist sie keine Kritik. Doch was überprüfbar ist, daran kann man nicht glauben. Wer daher den Glauben an eine Funktion fordert, dem ist jede Kritik nicht Kritik, sondern Unglauben: Wer kritisiert, ist Kommunist oder Nihilist, je nach politischer Wetterlage. Wer jedoch an ein Vaterland an sich glaubt und es nicht als eine emotionale Realität durchschaut, nimmt jeden Glauben zu Hilfe, an den er nebenbei auch noch glaubt, vor allem den Glauben an einen Humanismus oder an das Christentum: Er tut so, als gäbe es eine humanistische oder gar eine christliche Schweiz. Damit enthüllt sich die schweizerische geistige Landesverteidigung als eine Staatsreligion, denn wenn etwas nicht humanistisch oder christlich sein kann, ist es der Staat, ob er sich nun den Namen Vaterland oder Heimat zulegt.

Christlich oder human können nur Menschen sein, keine Institutionen.

Wehrbereit: Hier erweist sich die geistige Landesverteidigung als Komödie. Ist auch der Schweizer ein Wolf im Lammfell, so muß er dennoch stets der Welt gegenüber deutlich machen, daß er trotzdem ein Wolf ist. Daher wird denn auch ein Wolf im Lammfell, der behauptet, ein Lamm zu sein, bestraft, auch wenn sich herausstellt, daß er in Wirklichkeit doch ein Lamm ist und kein Wolf. Der Schweizer hat die Ideologie, die man ihm einredet, zu glauben, aber nicht ernst zu nehmen. Nicht zufällig fordern jene, die in der Schweiz geistige Landesverteidigung betreiben, zum Geist auch Atomwaffen; die gute, alte Helvetia stünde darauf ziemlich unbeholfen da, zwar mit einer fürchterlichen Waffe in den Händen, doch blind vom Stäubchen Geist, das sie sich selbst in die Augen gestreut hat.

Ende des helvetischen Zwischenspiels

Meine Damen und Herren, eine persönliche Zwischenbemerkung ist notwendig. Ich geniere mich durchaus nicht, Schweizer zu sein, ebensowenig wie ich es genierlich finden würde, Franzose, Deutscher, Italiener sein zu müssen usw. Ich bin sogar mit einer gewissen Leidenschaft Schweizer. Ich lebe gern in der Schweiz. Ich rede gern Schweizerdeutsch. Ich liebe den Schweizer und liebe es, mich mit ihm herumzuschlagen. Ich kann mir schwer vorstellen, anderswo zu arbeiten.

Ich weiß, daß mich emotionale Gründe an die Schweiz

binden, aber ich weiß auch, daß die Schweiz nur ein Staat ist und nichts weiter, daß ihre Verfassung, ihre soziale und ökonomische Struktur und die Menschen, die sie ausmachen, Mängel aufweisen; daß schließlich vieles von dem nicht stimmt, weswegen uns das Ausland bestaunt, das Miteinanderleben von Menschen verschiedener Sprachen etwa: Sie leben nicht miteinander, sie leben nebeneinander. Daß der Mensch ohne Emotion nicht auskommt, heißt nicht, er komme auch ohne Denken aus.

Ich liebe die Schweiz und denke über sie sachlich nach. Auch Gutes läßt sich natürlich über sie sagen: Sie ist unter anderem ein Kleinstaat, und ich halte den Kleinstaat für eine weitaus glücklichere politische Erfindung als den Großstaat, und sei es bloß deshalb, weil kleine Munitionsdepots ungefährlicher sind als große, falls sie explodieren. Ich schäme mich weder am Kriege nicht teilgenommen zu haben, noch von ihm verschont worden zu sein. Ich bin dankbar, daß ich kein Held sein mußte, weil ich nicht weiß, ob ich einer hätte sein können, und es ist mir bewußt, daß ich diese Chance mehr der Kleinheit meines Staates verdanke als der Furcht Hitlers vor ihm, denn eine funktionierende Schweiz war für Großdeutschland nützlicher als eine eroberte.

Im übrigen bin ich dort ein gehorsamer Bürger, wo Gehorsamkeit dem Staate gegenüber am Platze ist; ich halte die Gesetze, zahle die Steuern, verfahre mit meinen Mitmenschen und fahre meinen Wagen möglichst korrekt. Zwar leiste ich keinen Wehrdienst mehr. Ich verdanke dieses Glück jedoch nicht einem freien Entschluß, ich nahm nicht ein Martyrium auf mich, ich verdanke es allein meinem Körper, der mir dafür andere Streiche spielt; im Gegenteil, ebensowenig wie ich gegen den schweizerischen Staat bin, bin ich gegen die schweizerische Armee. Sie ist ein populäres Element und gerade darum ein wichtiges politisches Instrument, ein Stück Folklore, ein Männerbund, der die Schweizer zusammenhält, doch gerade deshalb könnte sich die Schweiz leisten, was sie sich nicht leistet: die Kriegsdienstverweigerer einzusetzen: Wer die Faulheit und das nötige Geschick aufweist, drückt sich ohnehin, wer den Dienst offen verweigert, beweist Mut: Warum soll gerade der Mutige zum Wehrdienst gezwungen werden, um so mehr, weil er ja den nicht minder harten Zivildienst verlangt?

Daß ich im allgemeinen für einen Kleinstaat eine Armee für überflüssig halte, ist eine taktische Überlegung. Es geht für einen Kleinstaat nicht darum, einen Krieg zu gewinnen, sondern einen Krieg zu überleben. Dänemark verteidigte sich im Zweiten Weltkrieg nicht, und ich halte die Schweizer ebensowenig für besser als die Dänen, wie ich die Dänen für besser als die Schweizer halte. Bei den Kleinstaaten kommt es auf den inneren Widerstand an, nicht auf den Einsatz von Armeen; auch der Tschechoslowakei gebe ich immer noch eine Chance: Kleinstaaten haben die Eigenschaft, untertauchen und immer wieder auftauchen zu können.

Wenn ich daher aus dem Versuch, die Schweiz geistig zu verteidigen, den Begriff Faschismus ableite, so nicht, um die Schweiz zu beleidigen oder als faschistisch zu bezeichnen – ich sehe nicht in jedem unserer geistigen Landesverteidiger einen Faschisten –, sondern es geht mir darum, den Faschismus politisch zu definieren und ihm den Nimbus zu nehmen, es handle sich hier um etwas

Dämonisches. In den Faschismus schlittert man hinein, man verfällt ihm nicht wie dem Teufel: Wer sich vom Teufel besessen glaubt, fühlt sich allzu leicht schuldlos, wird ihm der Teufel wieder ausgetrieben. Nicht um die Deutschen zu entschuldigen, sondern um weder die Deutschen noch die Schweizer freizusprechen, zeige ich präfaschistische Züge in der Schweiz auf und nicht in Deutschland, denn der Faschismus entsteht aus dem Wolfsspiel, aus dem individuellen Begriff, den der Mensch von sich macht, aus der Idee der Freiheit.

Nur aus dieser Paradoxie ist der Faschismus zu erklären. Seine Gefährlichkeit liegt im durchwegs Emotionalen seiner Politik. Nur die emotionalen Realitäten machen den Faschismus möglich: indem diese emotionalen Realitäten total werden. Das *Wir* wird zum absoluten Vaterland, das *Uns* zur Herrenrasse, mit der sich jedes Individuum, das diesem *Uns* angehört, zu identifizieren vermag. Der *Andere* wird zum absoluten *Feind*: zum Juden, zum Bolschewiken, zum Untermenschen usw. Die Freiheit des Einzelnen wird der Unabhängigkeit des Vaterlandes geopfert. Die Gleichung Freiheit = Unabhängigkeit wird absolut gesetzt. Es gibt keine andere Freiheit als die des Vaterlandes. Der natürliche Konflikt des Individuums mit dem Staate wird zugunsten des Staates entschieden. Der Faschismus ist das zu Ende geführte Wolfsspiel, sein Schachmatt. Alle Einzelwölfe fallen dem einen Überwolf Staat zum Opfer. Aus diesem Grunde weist auch die Schweiz faschistische Züge auf; im Versuch, sie geistig zu verteidigen, wird die Schweiz zu einem totalen, emotionalen Begriff, der den Menschen eliminiert, den es doch eigentlich zu verteidigen gilt.

Ein weiteres Beispiel ist die Ideologie der Ideologen des Separatismus. Das jurassische Volk als solches ist eine emotionale Konstruktion. Es gibt nur Menschen, die im Jura wohnen, ob sie nun Französisch oder Deutsch reden, aber nicht ein besonderes Volk, dem der Jura gehört, was nicht ausschließt, daß ich einen Kanton Jura für nötig halte, was jedoch nur bedeutet, daß es mir völlig gleichgültig ist, ob ich mich im Kanton Bern oder im Kanton Jura befinde.

Nicht zufällig ist jeder Faschismus mit einer Blut-und-Boden-Literatur verbunden. Was emotional ist, muß auch kultisch sein. Wie wir in der heutigen Zeit eine heiße Kunst, die mehr an das Gefühl appelliert, von einer kalten Kunst unterscheiden, die mehr den Verstand anspricht, so können wir auch von einer heißen und einer kalten Politik reden. Der Faschismus verführt, wie jedes Emotionale, zu einer heißen Politik. Das Individuum wird durch ihn zur Identifikation mit einer emotionalen Realität verlockt, überhaupt werden in ihm alle Emotionen frei, die positiven und die negativen, Liebe, Glaube, Treue, Haß, Aggression usw.; Gefühle, die in Verbindung mit einer rein emotionalen, heißen Politik zerstörerisch, ja selbstmörderisch werden.

Bevor wir auf die Ideologie des Gute-Hirte-Spiels zu sprechen kommen, eine Richtigstellung: Wenn in dieser Rede viel von Wölfen und Lämmern gesprochen wird, so nicht, weil ich etwas gegen Wölfe und Lämmer habe. Im Gegenteil. Ich halte es für eine Ehre, wenn wir Menschen uns noch mit Wölfen und Lämmern vergleichen dürfen.

Was nun das Gute-Hirte-Spiel betrifft, so ist darüber deshalb nicht leicht zu sprechen, weil es eine Ideologie darstellt, auf die eine zweite, ja eine dritte getürmt wurde; so daß wir es eigentlich mit einem Ideologienkomplex zu tun haben, worin der Glaube an die verschiedenen möglichen ideologischen Wege zu ähnlichen Glaubensstreitigkeiten führt, wie das im Christentum der Fall war und ist. Unterscheiden sich die verschiedenen Formen des Wolfsspiels in Machtsystemen, so die verschiedenen Formen des Gute-Hirte-Spiels in Glaubensfragen; und Glaubenskriege pflegen oft unerbittlicher zu sein als Machtkämpfe.

Ursprünglich geht das Gute-Hirte-Spiel von einer allgemeinen logischen Bestimmung des Menschen aus. Sein Ausgangspunkt ist nicht der Mensch, wie er ist, sondern wie er sein sollte: ein vernünftiges Lamm, kein reißender Wolf. Das Gute-Hirte-Spiel ist eine Fiktion. Vom Allgemeinen her wird der Mensch als vernünftiges Wesen konzipiert, eine Idee, die den Menschen gewiß ehrt, ihm jedoch nicht entspricht; ebensowenig wie die Fiktion des Wolfsspiels, der Mensch sei vom Existentiellen her gesehen ein vernünftiger Wolf.

Doch führt das Gute-Hirte-Spiel zu einer Schwierigkeit, die das andere Spiel nicht kennt: Auch der unvernünftigste Wolf baut sich seine emotionalen Realitäten vom Existentiellen her auf; sie sind zwar, wie er, unvernünftig, doch instinktiv entstanden, während es vom Allgemeinen, Logischen aus unmöglich erscheint, zu einem existentiellen *Wir* und *Uns* vorzustoßen, zu emotionalen Realitäten, mit denen sich das existentielle *Ich* zu identifizieren vermag. Wenn auch der Mensch, vom Allgemeinen her konzipiert, unter das Primat der Gerechtigkeit fällt, zwingt ihn dennoch die Problematik der zwei Begriffe, die er von sich macht, emotionale Realitäten aufzustellen. Das Gute-Hirte-Spiel ist daher gezwungen, einen existentiellen, logischen Begriff zu konstruieren, ein besonderes Allgemeines.

Das Genie Marx kam auf den Begriff der Klassen. Die Menschheit zerfällt in zwei Klassen: in eine ausbeutende und in eine ausgebeutete. Die ausbeutende Klasse repräsentiert den Menschen vom Einzelnen her gesehen als eine freie, aber ungerechte Wolfsgemeinschaft, die ausgebeutete Klasse stellt die Menschheit vom Allgemeinen her dar, als unfrei und ungerecht behandelt, wobei der Grund dieser Ausbeutung in der ausbeutenden Klasse liegt. Dadurch, daß die ausgebeutete Klasse gleichsam als Passivum erscheint, wird sie, wenn auch nicht zu einem intimen *Wir*, doch zu einem allgemeineren *Uns*, mit dem sich alle unfreien und ungerecht behandelten Menschen zu identifizieren vermögen.

Die marxistische Dialektik ist daher eine Dialektik zwischen dem existentiellen und dem logischen Begriff, den der Mensch von sich macht. Seine politische Form ist der Klassenkampf. Durch ihn wird die ausbeutende Klasse zum *Feind*, und das Ziel des Klassenkampfes stellt die klassenlose Gesellschaft dar. Doch auch diese Dialektik ist problematisch. Das Gute-Hirte-Spiel muß an jeden Spieler die Forderung stellen, es für das allein gerechte Spiel zu halten. Diese Forderung könnte vom Einzelnen vernünftigerweise durch Einsicht, begreiflicherweise durch Hoffnung und kann fatalerweise nur durch Gewalt akzeptiert werden. Durch Einsicht, wenn es dem Einzelnen klar wird, daß sein Schicksal vom Schicksal aller abhängt; durch Hoffnung, wenn der Einzelne allein seine Lage nicht zu ändern vermag; durch Gewalt, wenn eine Macht das Gute-Hirte-Spiel gewaltsam einsetzt. Das bedenkliche Bündnis mit der Macht, welches die Einsicht und die Hoffnung schließen, um die Welt zu verändern, versuchte man zu legalisieren, indem man die Diktatur des Proletariats forderte: Man schlug vor, die Hoffnung der Massen auf eine Änderung ihrer Lage und die Einsicht, daß eine solche Änderung notwendig sei, mit der Gewalt zu verbinden, die allein eine solche Änderung möglich macht.

Der Vorschlag, die Diktatur des Proletariats zu errichten, dient taktisch zur Errichtung einer kommunistischen Partei, die den existentiellen dem logischen Begriff des Menschen gleichsetzt. Diese Partei ist nur mit der Kirche zu vergleichen. Wie die Gleichsetzung von Mensch und Gott in Christus, so ist die Gleichsetzung vom existentiellen mit dem logischen Begriff des Menschen ein Dogma, das nicht bewiesen, sondern nur geglaubt werden kann, und aus welchem weitere Dogmen gefolgert werden können.

Wird unter einem Dogma eine Konstruktion aus logischen und existentiellen oder aus logischen und theologischen Begriffen verstanden (die durchaus Wahrheiten enthalten kann), so stellt der Marxismus keine Wissenschaft, sondern eine Dogmatik dar. Die kommunistische Politik ist eine zur ›Theologie‹ gewordene Politik und fällt denn auch besonders durch ihre kultischen Formen auf und durch ihre ständigen, den Nichtkommunisten unverständlichen Lippenbekenntnisse, die Reinheit ihrer Doktrin zu bewahren. Ihr Dogma hat jedoch für sie den Vorteil, den allgemeineren, logischen Begriff der ausgebeuteten Klasse, ihr konstruiertes *Uns*, zu einem intimeren, logischen *Wir* zu verengen, zur Partei, die für den

Sieg der ausgebeuteten Klasse kämpft, und vom konstruierten Feind die allgemeineren *Andern* zu unterscheiden, nämlich jene der ausgebeuteten Klasse, die noch nicht wissen, daß sie ausgebeutet werden; während den intimeren *Feind* das Großkapital darstellen sollte. Sollte. Doch wie jede Kirche als Konstruktion von Dogmen eine Paradoxie und in ihrer Widersprüchlichkeit ein konstruiertes Gefäß darstellt, in welches die gegensätzlichsten Glaubensinhalte einzuströmen vermögen, so auch die kommunistische Kirche. Als dogmatische Konstruktion läuft sie Gefahr, jede emotionale Realität in sich aufzunehmen; auch der Kommunismus hat sich heute wieder Begriffe wie Staat, Vaterland, Volk, ja Rasse usw. angeeignet.

Wie beim Wolfsspiel ist der eigentliche *Feind* nicht der Kapitalist, welcher der *Andere* wurde, mit dem eine Koexistenz möglich ist, sondern der andersgläubige Kommunist. Auch verlangt der Kommunist von seinen Edellämmern Eigenschaften, die jenen ähnlich sind, welche die geistige Landesverteidigung von ihren schweizerischen Edelwölfen fordert. Auch ein Edellamm muß in der Unabhängigkeit seines Vaterlandes seine Freiheit sehen, gehorsam sein, demokratisch, föderalistisch, sozialistisch, gläubig, anti-intellektuell und wehrbereit, ja sogar auf seine Art kapitalistisch, indem es zu glauben hat, daß es durch die marxistische Wirtschaftspolitik einen höheren Lebensstandard zu erreichen vermag als im Kapitalismus. Der Marxist muß nicht besser sein, sondern besser leben können als der Kapitalist, ein Vorwurf, der ihm in aller Schärfe vom Marxisten Konrad Farner gemacht wird. Der heutige Kommunismus ist deshalb in vielem ein logisch getarnter Faschismus, ein faschistischer Staat mit einer sozialistischen Struktur. Er ist ein Nationalkommunismus, der eigentlich Nationalsozialismus heißen sollte, hätte sich Hitler nicht schon dieses Begriffs bemächtigt, und wie es so weit kommen konnte, stellt der geschichtliche Inhalt der letzten Jahrzehnte dar. Das heutige Weltgeschehen ist der traurige Beweis für die Unmöglichkeit, nur an die Vernunft des Menschen zu appellieren; der Mensch will eine emotionale, heiße Politik, sich an ihr die Hände zu wärmen.

Haben wir die ökonomische und emotionale Struktur der heutigen Welt durchgespielt, stehen wir vor einem bedenklichen Resultat. Sowohl das Wolfsspiel als auch das Gute-Hirte-Spiel benötigen auf Grund der Emotionen, von denen sie sich nicht zu befreien vermögen, Ideologien, um über die Menschen herrschen zu können. Deshalb sind auch die Ideen, in deren Namen Unrecht geschieht, die Freiheit und die Gerechtigkeit, in den Gesellschaftssystemen, die wir kennen, bloße Ideologien; wobei das Wolfsspiel mehr die Freiheit, das Gute-Hirte-Spiel mehr die Gerechtigkeit als Ausrede benutzt.

Auf unsere Frage nach einer gerechten Gesellschaftsordnung bezogen: Gesellschaftsordnungen sind nicht nur hinsichtlich der Gerechtigkeit, sondern auch hinsichtlich der Freiheit auf Grund ihrer Emotionen an sich Fehlkonstruktionen, oder, anders formuliert, Gesellschaftsordnungen sind ungerechte und unfreie Ordnungen, die wir errichten müssen, um überhaupt Ordnungen zu haben, weil wir zu einer rein vernünftigen Politik durch die Widersprüchlichkeit der menschlichen Natur nicht fähig sind. Noch böser: Es gibt keine gerechte Gesellschaftsordnung, weil der Mensch, sucht er Gerechtigkeit, mit

Recht jede Gesellschaftsordnung als ungerecht, und, sucht er Freiheit, mit Recht jede Gesellschaftsordnung als unfrei empfinden muß.

Logisch scheint es nur eine Möglichkeit zu geben. Stellt sich heraus, daß in beiden Spielen eine Institution als der große Gewinner auftritt und dadurch der Mensch unter die Herrschaft von Menschen gerät, die diese Institution handhaben, so bleibt uns nichts anderes übrig, als den existentiellen Begriff des Menschen, der nicht regiert werden kann, von seinem logischen Begriff, der bestimmbar ist, zu trennen und den bestimmbaren Teil durch Computer zu regieren.

Ein Computer ist eine Prothese des menschlichen Hirns. Er ist eine Maschine. Was das Tier durch Evolution vollbringt, die Millionen von Jahren dauert, indem sich etwa der Saurier durch Veränderung seiner Knochen im Verlaufe der Zeit zu einem Land-, Flug- und Fischsaurier entwickelt, das vollbringt der Mensch dank seinen Maschinen vollkommener als das Reptil. Wir rasen in Autos, fliegen mit Flugzeugen und Raketen, schwimmen mit Schiffen. Ohne Technik ist der Mensch nicht mehr lebensfähig. Die Maschinen vermögen, je perfekter wir sie bauen, alle unsere Arbeiten auszuführen, auch unser Regieren über Menschen. Der Mensch kann nur durch Maschinen objektiv regiert werden, scheint es, es bleibt ihm nichts anderes übrig, als sich ihnen anzuvertrauen. Nur durch eine vollkommene Automation kann er sich vom Kampf ums Dasein befreien, nur durch Maschinen wird er frei. Der Mensch wird der totale Konsument, der Konsument, der für sein Konsumieren nicht zu arbeiten braucht.

Was wird für diesen Menschen wichtig? Kunstwerke?

Wird sich eine ungeheure Sonntagsmalerei ausbreiten? Wird es noch eine Politik geben, oder wird die Politik eine Farce sein? Eine Zeremonie? Feierliche Protestmärsche ohne Wirkung gegen unumstößliche Computerbeschlüsse, deren Sinn nur noch den Computern einleuchtet? Werden Sekten entstehen, neue Religionen, weil sich der materiell gesicherte Mensch nur noch für Metaphysisches interessiert? Fegen blutige Glaubenskämpfe über die von Computern verwaltete Erde? Werden die Rasierten von den Bärtigen oder die Bärtigen von den Rasierten ausgerottet? Wird Fußball so lebensentscheidend, daß sich die Anhänger verschiedener Mannschaften gegenseitig zerfetzen? Bildet sich eine neue Priesterschaft, die über den Menschen herrscht, reißt eine Handvoll Techniker, welche die Computer bedienen, die Herrschaft über die Erde an sich? Wird die von Computern beherrschte Menschheit eine Revolution gegen die Maschinen entfesseln, wird der Mensch wieder ein Pfahlbauer?

Betreten wir das Reich der totalen Freiheit, wird alles möglich, Erhabenes, Lächerliches, Menschliches, Schreckliches, das Weiterbestehen und der Untergang der Menschheit. Der Mensch gerät in sein Jüngstes Gericht, der Mensch muß sich selbst aushalten. Eine Evolution in dieser Richtung stellt alles in Frage.

Gibt es nur diesen Weg? Oder haben wir keine Wahl mehr, bestiegen wir einen Zug, der sich in so rasender Fahrt befindet, daß kein Abspringen mehr möglich ist? Schilderten wir die Zukunft oder schildern wir die Gegenwart? Hat nicht die moderne Gesellschaft längst zu einer zivilisierten Wildnis geführt, der gegenüber sich der Mensch wie ein Urmensch verhält?

Er begreift die Naturkräfte nicht, die ihn beherrschen,

er benutzt das Telephon, das Radio, das Fernsehen, den Plattenspieler, die Elektrizität, die medizinischen Mittel, die Computer, die Flugzeuge und Autos usw., ohne sie wirklich zu verstehen; die Wissenschaftler und Techniker, die etwas davon verstehen, kommen ihm wie Medizinmänner vor, die geheime Kenntnisse besitzen, mit denen sie seine Welt beherrschen. Der moderne Mensch ist der Barbarei seiner Zivilisation verfallen. Er nistet sich in dieser Wildnis ein wie der Urbauer, der sein Stück Land beackert. Er sitzt in seinem Büro oder arbeitet in einer Fabrik. Er verdient sein Brot mit dem, was ihm die Zivilisationswildnis an Erwerbsmöglichkeiten bietet, ohne sie als Ganzes zu verstehen, ja oft ohne seine Tätigkeit in ihrer ganzen Auswirkung zu begreifen.

Ihm gegenüber kommt ein Menschenschlag auf, der die zivilisierte Wildnis wie ein Nomade benutzt, der, statt ein Pferd zu reiten, Motorrad fährt. Er lebt nicht in der Zivilisation, sondern durchzieht sie, von Arbeitsplatz zu Arbeitsplatz, von einem abbruchreifen Haus zum andern. Die heutigen Rockers sind die ersten Menschen, die sich von der modernen Zivilisation auf ihre Art wieder befreit haben, die nicht mehr nach ihrem Sinn fragen, denen sie nicht mehr wie ein Gefängnis vorkommt, sondern als Natur. Sie protestieren gegen jene, die zwar glauben, in einem Gefängnis zu leben, ohne sich jedoch dagegen aufzulehnen. Die Rockers schockieren die Spießer, die sich in ihr Schicksal ergeben und es als unveränderbar angenommen haben.

Doch wenden wir uns wieder einmal unserer Geschichte zu, unserem Propheten, den drei Reitern, Allah. In seiner ersten Antwort, wir haben sie nicht vergessen, bewies Allah die Gerechtigkeit seiner Welt. Er hatte es leicht, seien wir ehrlich, bei seiner Übersicht, und später, als es schwieriger wurde, schwieg er, leider, wir hofften gerade in den verzwickten Fällen auf seine Antwort. Vielleicht schwieg er mit Absicht. Er sieht uns als exakten, nicht als paradoxen Begriff. Es kann sein, daß wir von seinem Standpunkt aus einen ebenso erstaunlichen Anblick bieten, wie ihn der Andromedanebel aus einer Entfernung von zwei Millionen Lichtjahren bietet, es mag sein, daß selbst die Katastrophen innerhalb der Menschenwelt, die Hungersnöte, die Kriege, die Vernichtungslager von Allah aus gesehen einen Sinn haben. Wir wissen es nicht. Allah schweigt sich darüber aus. Er will uns nicht billig trösten, denn wir sind nicht außerhalb unser selbst, und auch als Beobachter sind wir dem Beobachteten beigemischt, unfähig, uns restlos zu interpretieren: Er will uns überhaupt nicht trösten. Denn Allah stellt seine Gerechtigkeit fest, indem er unsere Ungerechtigkeit feststellt, seine erste und seine zweite Antwort widersprechen sich nicht. Die Welt ist durch unsere Ungerechtigkeit gerechterweise ungerecht, und erst dann könnte die Welt gerechterweise gerecht sein, wenn wir selbst gerecht wären. Von Allah her, vom Unbedingten her, ob wir nun an ihn glauben oder ob wir ihn nun konstruieren, ist die Gerechtigkeit der Welt abhängig vom menschlichen Tun. Die Welt ist so, wie der Mensch sie macht. Allah in seiner Gerechtigkeit richtet sie nur. Mene, mene, tekel, u pharsin. Der Allah unserer Geschichte ist unerbittlich und nicht der liebe Gott, an den unsere Bequemlichkeit so gerne glaubt, dessen Metier darin besteht, Gnade zu üben und vor unserer Schlamperei beide Augen zuzudrücken. Vor dem Allah unserer Geschichte gibt es keine Änderung der menschlichen Gesellschaft ohne Änderung des Menschen.

Meine Damen und Herren, ich denke dramaturgisch. Das heißt, meine Denktechnik als Dramatiker besteht darin, die gesellschaftliche Wirklichkeit des Menschen in Theater zu verwandeln und mit dieser verwandelten Wirklichkeit weiterzudenken. Ich denke die Welt durch, indem ich sie durchspiele. Das Resultat dieses Denkprozesses ist nicht eine neue Wirklichkeit, sondern ein komödiantisches Gebilde, in dem sich die Wirklichkeit analysiert wiederfindet, genauer, in dem sich der Zuschauer analysiert wiederfindet. Diese Analyse ist von der Einbildungskraft bestimmt, vom Gedankenexperiment, von der Spielfreude, sie ist darum nicht streng wissenschaftlich, sie ist in vielem leichtfertig, doch gerade darum nützlich. Das große Wolfsspiel und das Gute-Hirte-Spiel meinen daher nicht irgendwelche liberale Theorien oder den Marxismus, sondern sind komödiantische Repetitionen von politischen Strukturen, in denen wir und andere leben.

Das dramaturgische Denken untersucht die Wirklichkeit auf ihren inneren Spannungsgehalt hin. Je paradoxer sie dargestellt werden kann, desto besser eignet sich die Wirklichkeit als theatralischer Stoff. Das dramaturgische Denken ist dialektisch, doch nicht in einem politisch-ideologischen Sinne. Der dialektische Materialismus zum Beispiel muß seinem System, ob er will oder nicht, einen positiven Dreh geben. Die Dialektik setzt aus, und der

Glaube an eine zukünftige, vernünftigere Welt setzt ein; ein schöner Zug, wenn auch nicht ohne Verhängnis. Das System darf nicht im Paradoxen münden, weil das System ein logisch positives Handeln ermöglichen soll und damit eine Moral: Wer im Sinne des Systems handelt, ist revolutionär und fortschrittlich, wer nicht im Sinne des Systems handelt, ist reaktionär, wer vom System profitiert, ist Aktionär des Systems, wer vom System abweicht, ein Verräter, und weil der Verlauf der Geschichte positiv zu sein hat, kann jedes denkbare Verbrechen des Systems als politisch notwendig positiv dargestellt werden, eine Denkweise, die zur Folge hat, daß sich sogar die Russen noch revolutionär vorkommen. Das dramaturgisch dialektische Denken braucht die Paradoxien nicht zu fürchten, es kann es sich leisten, in ihnen zu münden, auch wenn es natürlich ebenfalls nicht rein dialektisch sein kann: auch eine dialektisch erzählte Geschichte muß ein Ende finden. Versucht das politisch dialektische Denken eine Lehre aufzustellen, wie beim Schachspiel Weiß gewinnt, stellt das dramaturgisch dialektische Denken eine Beschreibung des Schachspiels dar, bei der es gleichgültig ist, ob Weiß oder Schwarz gewinnt, ob die Partie matt oder patt ausgeht, allein das Spiel an sich zählt, die Thematik der Eröffnung, die Dramatik des Endspiels: Das dramaturgische Denken, auf die Politik angewandt, versucht hinter ihre Regeln zu kommen, nicht hinter ihren Inhalt. Zugegeben, das mag manchen wenig spannend vorkommen: Die Regeln, nach denen *Hamlet* gebaut ist, sind einfach, aber welch ein Stück!

Doch diese Tatsache könnte das dramaturgische Denken für die Politik brauchbar machen. Es ist ein Korrektiv. Es rückt die politische Wirklichkeit in ein anderes Licht, ins Licht der Bühnenscheinwerfer, ins grelle Licht der Satire. Das dramaturgische Denken weist auf den Widerspruch zwischem dem Denken und dem Handeln des Menschen hin. Es ist eine Anleitung, spielerisch über die Wirklichkeit kritisch nachzudenken, ein Vorschlag, wie vielleicht auch die Politik bisweilen über die Wirklichkeit reflektieren sollte: Unideologisch und mit Phantasie – die ja die Fähigkeit ist, vorauszusehen. Das dramaturgische Denken könnte die Politik hindern, sich ihren Maßstab, ihr Ziel und ihre Gegner absolut zu setzen. Möglicherweise. Es könnte dazu führen, die Ideologien als bloße Arbeitshypothesen zu begreifen, die leichter durch andere Arbeitshypothesen ersetzbar wären, erwiese es sich als notwendig; eine nur kleine Sprachkorrektur, gewiß, doch einer Arbeitshypothese zuliebe wären die Gefängnisse und Zwangslager weniger bevölkert als einer Ideologie zuliebe. Ebenso wäre das Wort ›Vaterland‹ durch das Wort ›Verwaltung‹ zu ersetzen: Wer hielte es schon für süß, für eine Verwaltung zu sterben! (Wenn es auch in unserer rückläufigen Epoche den Großmächten gegenüber Konstellationen gibt, wo das Wort ›Vaterland‹ wieder einen Sinn bekommt.) Die Politik könnte in vielem kritischer und freier operieren. Sie geht noch allzu oft ideologisch und deshalb stur oder einfach zynisch vor. Wir brauchen nur an Vietnam zu denken. Für die Ideologen gibt es nur Schuldige und Unschuldige. Entweder sind die Amerikaner die Schuldigen und die Russen und die Chinesen die Unschuldigen, oder die Amerikaner die Unschuldigen und die Russen und die Chinesen die Schuldigen, oder gar die Amerikaner und die Russen die Schuldigen und die Chinesen die Unschuldigen. Einem

Dramaturgen dagegen kommt der ideologische Kampf zwischen den drei Supermächten möglicherweise als ein gewaltiges Schattengefecht vor, dem sowohl die Süd- als auch die Nord-Vietnamesen zum Opfer fallen. Käme ein Friede zustande, vermutet die dramaturgische Phantasie, würden die Amerikaner befürchten, die Russen und die Chinesen, die Russen, die Chinesen und die Amerikaner, und die Chinesen endlich, die Amerikaner und die Russen könnten sich einig werden. Das ideologische Denken stellt einen Kampf als notwendig dar, das dramaturgische Denken sucht nach den tatsächlichen Gründen, die nicht nur im Ökonomischen und Machtpolitischen, sondern auch im Emotionalen liegen. Es versucht nicht, eine Politik zu rechtfertigen, sondern sie zu durchschauen.

Das wäre schön und zu wünschen. Doch Wünschen ist kein politisches Handeln. Wer das Paradoxe sucht, wird selbst paradox. Nicht bloß dadurch, daß der Komödiant auf einmal wünschen muß, ernst genommen zu werden. Als Dramatiker vermag ich die Politik nur darzustellen, wenn ich dramaturgisch denke, als politischer Mensch, der ich wie jeder Denkende auch bin, muß ich politisch handeln. Das scheint widersprüchlich. Es ist widersprüchlich.

Als Dramatiker stelle ich die Welt als fragwürdig dar, als politisches Wesen bin ich ein Teil dieser fragwürdigen Welt und somit selber fragwürdig. Als Dramatiker sind mir Mord und Totschlag legitime dramaturgische Mittel, eine Handlung in Gang zu bringen oder abzuschließen, als politischem Menschen sind mir Mord und Totschlag ein Greuel. Ich halte Kriege prinzipiell für Verbrechen und vieles auch, was viele nicht für ein Verbrechen halten.

Ich habe nichts gegen Gesellschaftsordnungen, die partiell vernünftig sind, ich weigere mich nur, sie heilig zu sprechen und den gewaltigen Rest ihrer Unvernunft und ihrer Tabus als gottgegeben hinzunehmen: ich halte halbwegs vernünftige Gesellschaftsordnungen für verbesserungswürdig.

Ich bin mit Sokrates der Meinung, die Größe eines Menschen liege darin, das Unrecht, das ihm widerfährt, ertragen zu können, es braucht jedoch soviel Größe dazu, daß ich es für meine politische Pflicht halte, alles zu versuchen, was einen Menschen hindert, in die Lage zu kommen, die Größe aufzubringen, ein solches Unrecht ertragen zu müssen.

Ich halte Revolutionen oft für sinnvoll, oft für sinnlos. In Südamerika zum Beispiel kann ich mir durchaus sinnvolle Revolutionen vorstellen, während in hochindustrialisierten Staaten mit einem riesigen Verwaltungsapparat, mit einer engverflochtenen Wirtschaft und mit einem hohen Lebensstandard Revolutionen wahrscheinlich sinnlos sind, sinnlos darum, weil sie nur scheinbar wären, der Verwaltungsapparat müßte übernommen, ja zu einem noch abenteuerlicheren Gebilde aufgebaut werden, die Kompromisse wären zwangsweise derart, daß sich am Ende die Revolution nicht für die Masse, sondern bloß für die Köpfe der Revolutionäre lohnte: für ihre Einbildung, eine Revolution durchgeführt zu haben.

Was können wir tun? Die Frage bleibt. Protestieren. Gewiß. Gegen Vietnam, gegen die Atombombe, gegen die Diktatur in Griechenland, gegen die Schriftstellerprozesse, gegen ... die Möglichkeiten lassen sich beliebig weiterführen. Doch ist unser Protest sinnvoll? Bewirken wir mit ihm etwas, oder beruhigen wir damit unser Gewissen durch die Einbildung, etwas bewirkt zu haben?

Wer politisch zu handeln versucht, handelt weitgehend emotional. Er handelt im Glauben, etwas Sinnvolles, ja Nützliches zu tun. Wir springen ins Wasser, um einen Ertrinkenden zu retten, falls wir schwimmen können, ohne vorher zu untersuchen, ob das Retten einen Sinn habe. Ist der Ertrinkende ein entschlossener Selbstmörder, wirft er sich, kaum haben wir ihn gerettet, unter den nächsten D-Zug. Unsere Rettungsaktion erweist sich nachträglich als sinnlos, und dennoch vermochten wir nicht anders zu handeln. Wir müssen an den Sinn des Rettens glauben, wollen wir überhaupt retten. Eine Untersuchung über die Rettungswürdigkeit eines Ertrinkenden führt dessen Tod herbei, weil der Rettungsversuch, falls er auf Grund der festgestellten Rettungswürdigkeit überhaupt erfolgt, zu spät erfolgt. Unseren politischen Handlungen ergeht es oft ähnlich. In unserer Welt sind Ursachen und Wirkungen derart verfilzt, daß wir nicht genau festzustellen vermögen, was wir bewirken. Auch exakte Kalkulationen führen zu ungewissen Resultaten. Nicht der Einzelne verändert die Wirklichkeit, die Wirklichkeit wird von allen verändert. Die Wirklichkeit sind wir alle, und wir sind immer nur Einzelne. Eine der Schwierigkeiten der Politik liegt in diesem dramaturgischen Satz.

Wenn auch meine komödiantischen Überlegungen nur eine grobe Zeichnung der politischen Wirklichkeit darstellen, so läßt doch diese Zeichnung gewisse Schlüsse auf die politische Wirklichkeit zu, wenn auch bei diesen Schlüssen in Betracht gezogen werden muß, inwiefern sich diese politische Wirklichkeit ständig ändert.

Vergleichen wir den Planeten, auf dem wir leben – und es bleibt uns trotz Raumfahrt kein anderer zur Verfügung –, vergleichen wir die Erde mit einem Schiff, so bin ich durchaus in der Lage, von den Ordnungen, die in den verschiedenen Kabinenklassen herrschen, eine Beschreibung zu geben und auf verschiedene Regeln des Zusammenlebens hinzuweisen, etwa auf die gesellschaftliche Notwendigkeit, beim Dinner in der ersten Klasse Smoking zu tragen.

Diese Beschreibung wird jedoch in Frage gestellt, wenn die Anzahl der Passagiere sich ändert. Die Ordnung und damit die Beschreibung dieser Ordnung ist nur gesichert, wenn die Anzahl der Passagiere im wesentlichen gleich bleibt, verringert sich die Anzahl der Passagiere oder nimmt sie zu, wird die Ordnung in den verschiedenen Klassen und die Beschreibung dieser Ordnung fragwürdig. Besteht die erste Klasse aus Einzelkabinen, die zweite aus Zweier- und die dritte aus Zehnerkabinen, wird diese Ordnung sinnlos, wenn jede Klasse nur mit zwei Passagieren belegt ist. Jeder Passagier besitzt dann eine Kabine, jene der dritten Klasse die größten, auch findet aus lauter Langeweile ein Zusammenschluß der Passagiere statt, das Tragen eines Gesellschaftsanzugs wird aus Mangel an einer Gesellschaft lästig, warum sollen sich zwei in einen Gesellschaftsanzug zwängen, wenn die vier anderen mit offenem Hemd herumlaufen; wird das Schiff mit Passagieren überfüllt, fällt das Klassensystem ebenfalls zusammen.

Bei einem normal belegten Schiff herrscht in der ersten Klasse das Prinzip der Freiheit vor. Jeder Passagier besitzt seine eigene Kabine und soll möglichst frei und ungestört sein. Die zweite und gar die dritte Klasse werden mehr vom Prinzip der Gerechtigkeit geregelt. Wächst jedoch die Anzahl der Passagiere an, können mit der Zeit keine Einzelkabinen mehr gewährt werden, notgedrungen werden strengere Bestimmungen über das Zusammenleben der Passagiere eingeführt. Sowohl die Einzelkabine als auch der Smoking wird ein Privileg, das desto ärgerlicher wirkt, je mehr die Anzahl der Passagiere anschwillt. Die Notwendigkeit, gerecht zu sein, hängt daher von der Anzahl der Passagiere ab, je größer diese Anzahl, desto geringer die Freiheit des Einzelnen, bis ihm, in allen Klassen zusammengepfercht, nur noch die Freiheit des Geistes übrigbleibt.

Bezogen auf unseren Planeten: Je größer seine Bevölkerung, desto entscheidender wird die Gerechtigkeit, desto größer wird ihr Primat. Die Bevölkerungsexplosion führt zum Gute-Hirte-Spiel, zum Sozialismus, das Wolfsspiel vermag sich der Mensch nicht mehr zu leisten. Die Probleme werden wichtig, die das Gute-Hirte-Spiel stellt, die Menschheit rutscht nach links ab.

Doch führt das Anwachsen der Bevölkerung noch weitere Aspekte mit sich. Wurden die Menschen bisher eingeteilt in Arme und Reiche, in Ohnmächtige und Mächtige, zog man aus diesen Gegensätzen den politischen Impuls, macht sich bei steigender Bevölkerung ein anderer Gegensatz bemerkbar.

Wir können ein wirtschaftliches, politisches und gesellschaftliches System, das einen Staat ausmacht, als eine Organisation betrachten. Nimmt die Bevölkerung zu, vergrößert sich die Organisation. Es bauen sich daher immer mächtigere Organisationen auf. Je mächtiger, komplizierter und unübersichtlicher jedoch eine Organisation wird, desto mehr verbraucht sie ihre Kräfte zu ihrem Gleichgewicht, desto unbeweglicher wird sie, desto ausschließlicher sieht sie ihren Sinn in sich selbst, und desto schwieriger wird es für die Organisierten, die Zweckmäßigkeit der Organisation zu überprüfen und sie zu ändern, erweist sie sich als unvernünftig. Die Organisation wird eine vorhandene, etablierte Ordnung und nimmt für ihre Mitglieder fatale Züge an. Doch keine menschliche Organisation vermag aus sich heraus zu leben, sie ist an den Menschen gebunden, an seine Sterblichkeit, sie braucht Nachwuchs, den sie zur Organisation erziehen muß. Doch gerade dadurch zwingt sie den Nachwuchs, über die Organisation nachzudenken, die er übernehmen muß. Wer nachdenkt, überprüft.

Die Studenten, die denken lernen müssen, weil die heutige Welt nur durch Denken bewältigt werden kann, und die, weil sie denken lernen müssen, nicht daran gehindert werden können, auch politisch nachzudenken, sind die schwache Stelle in den heutigen Ordnungen. Sie sind in der bevorzugten Lage, die Organisation zu überdenken, der sie gegenüberstehen, weil sie noch nicht völlig in diese Organisation eingegliedert sind. Doch kommen ihre Forderungen nicht nur vom Denken, sondern auch von Emotionen her. Als junge Menschen wehren sie sich instinktiv gegen die vorhandene und als denkende Menschen bewußt gegen die falsche Ordnung. Das macht, wenn die vorhandene Ordnung eine falsche Ordnung ist, die Stoßkraft der Studenten aus, und wo haben wir heute eine richtige Ordnung!

Doch führt die bevorzugte Lage die Studenten in die Isolation. Sie sind keine Klasse wie die Arbeiter, sie werden erst abgerichtet, eine Klasse zu sein, ihre Freiheit besteht darin, daß sie noch nicht sind, was sie sein sollen. Die Arbeiter werden als Klasse in die vorhandene Ordnung eingebaut, sie sind daran gewöhnt, organisiert zu werden, und verstehen sich deshalb zu organisieren. Ihre Rechte kommen aus ihrer Funktion als Klasse her. Die Studenten haben noch keine echte Funktion, sie sollen erst Funktionäre werden. Ihr Recht liegt allein in der Richtigkeit ihres Denkens. Entweder sind sie Intellektuelle oder nicht, entweder sind sie Wissenschaftler oder nicht, sie können sich nur als Intellektuelle und Wissenschaftler berechtigen, nur so können sie eine Funktion bekommen, dann sind sie mehr als ein Ausdruck des Generationenkonflikts. Ihr Recht liegt dann im Widersinn begründet, daß unsere Gesellschaft die Erkenntnis des Menschen als Hure benutzt, statt sich von ihr leiten zu lassen. Gleiten jedoch die Studenten ins Romantische, Unmögliche ab, verlieren sie sich in ideologischen Haarspaltereien, die bloß dazu dienen, neue Gegner zu erfinden, mit denen sich wie mit Windmühlen kämpfen läßt, verwechseln sie endlich die notwendige Veränderung der Wirklichkeit mit einem Riesengaudi, verpassen sie auch ihre politischen Chancen.

Die Taktik ist wichtig und die Analyse der Verhältnisse, in denen wir uns befinden. Wir sind nicht nur Gefangene und Nutznießer einer Zivilisation, die uns alle deformiert, weil sie auch die Revolutionäre und Anarchisten verdaut, wir sind gleichzeitig Mitglieder einer Menschheit, die zu zwei Dritteln in so lamentablen Umständen vegetiert, daß meine Rede für diese Menschen unverständlich sein muß. Die Wege sind verschieden, die wir einschlagen müssen, und damit die Methoden, die wir anzuwenden haben. Wir können nicht die Kampfplätze wechseln, wir haben jeder auf dem seinen anzutreten. Doch gilt es für uns alle, die politische Wirklichkeit, der gegenüber wir uns befinden, beim Wort zu nehmen, bei dem, was sie zu sein behauptet; die Demokratie bei der Demokratie, den Sozialismus beim Sozialismus, ja die Christen beim Christentum, wird es doch langsam unanständig, was alles als Christ herumzulaufen wagt.

Die Welt rutscht, ob wir wollen oder nicht, unwiderruflich nach links, stellen wir fest, das ist ihr Trend. Schön, es gibt eine Art Pflicht, Marxist zu sein, doch nicht indem wir den Marxismus nachbeten, sondern indem wir ihn neu überdenken. Gerade an ihn müssen wir die Forderung nach der Freiheit des Geistes stellen. Sie ist alles andere als harmlos. Die Freiheit des Geistes ist die noch mögliche Freiheit, die dem Menschen bleibt. Sie ist ein Risiko wie jede Freiheit. Durch sie wird die Politik immer wieder vom Individuellen her getestet. Sie zieht die politische Freiheit nach sich und wirft endlich die Frage nach der Kontrolle der Macht auf. Das Schachspiel ändert sich nicht in seinen Regeln, treten bessere Spieler an. Eine Politik ohne Opposition ist unmenschlich und erstarrt in Institutionen, nur mit einer Opposition vermag die Politik ihren Spielcharakter zu bewahren, ohne den sie keine Politik mehr ist. Der Marxismus wird zu einer Farce, wenn sich auf ihm nicht neue politische Freiheiten aufbauen lassen, die freie Diskussion dessen, was zu unternehmen ist. Darum griffen die Russen in der Tschechoslowakei ein: damit der Marxismus eine Farce bleibe.

Gewiß, Konrad Farner hat recht, es geht nicht darum, immer besser zu leben, es geht darum, besser zu sein.

Doch in einer menschenunwürdigen Gesellschaftsordnung sind die meisten Menschen von selbst besser, als sie leben, weil sie erbärmlich leben. Darum gilt die Forderung Konrad Farners nur für eine menschenwürdige Gesellschaftsordnung. Erst in ihr wird das Gebot, besser zu sein statt besser zu leben, sinnvoll.

Wieder zu der Fabel aus *Tausendundeiner Nacht* zurückkehrend, vermag ich politisch und menschlich nur noch eines zu sagen: Alle Achtung vor unserem Propheten. Er hat recht. Er hat uns überzeugt wie alle großen Männer. Die Welt ist ungerecht, und wir haben unsere Schlüsse daraus zu ziehen versucht. Dennoch hätte ich dem ersten Reiter zugerufen: »He, Sie haben Ihren Geldbeutel verloren.« Die Gerechtigkeit ist zweifellos etwas Grandioses, Niezuerreichendes, doch dann handkehrum eine selbstverständliche Kleinarbeit. Das ist natürlich kein Trost. Aber die Hoffnung bleibt, daß die Entwicklung der Menschheit und die Notlage, in die sie dabei gerät, den Menschen zur Vernunft zwingt. Das Verfluchte dabei ist nur, daß uns vielleicht verdammt wenig Zeit dazu übrigbleibt.

Damit, meine Damen und Herren, wäre schön zu schließen, wenn ich dürfte, und wenn ich es nicht darf, so nicht, um dem Goethischen »daß du nicht enden kannst, das macht dich groß« nachzueifern. Aber ich rede ja nicht nur vor Studenten, ich rede auch vor Juristen. Ich habe nicht nur über Gerechtigkeit zu reden, sondern auch über das Recht, und bin daher, streng genommen, erst zur Hälfte mit meinem Vortrag zu Rande gekommen. Nun könnte ich wie der Lustmörder Moosbrugger in

Musils *Mann ohne Eigenschaften* ausrufen: »Mein Recht ist mein Jus«, und mit dieser nicht ungenialen Definition auf weitere Erörterungen verzichten, doch das wäre wieder nicht recht, sogar Juristen haben ein Recht, zu ihrem Recht zu kommen. Auch ich bin Ihnen gegenüber in einer gewissen Verlegenheit. Ich komme mir wie ein Physiker vor, der Elektrikern gegenüber stets von Elektrizität redet, statt bisweilen die schönen Anwendungen zu erwähnen, welche die Elektriker von der Elektrizität machen, von der vorzüglichen Straßenbeleuchtung und den vortrefflichen Elektromotoren, von den Kochherden und den Bügeleisen, oder, um ein negativeres Beispiel zu geben, ich komme mir wie ein Chemiker vor, der sich Schnapsbrennern gegenüber des längeren und breiteren über die chemische Zusammensetzung des Alkohols äußert, statt die schädliche Wirkung der Schnäpse auf die menschliche Gesellschaft zur Sprache zu bringen.

Ich will mich daher schleunigst in eine zweite Geschichte flüchten, die, der vorgerückten Stunde wegen, in der Nacht spielt und außerdem für Juristen und Nichtjuristen so leicht zu kommentieren ist, daß sie keines weiteren Kommentares bedarf. Meine Geschichte handelt von der Nützlichkeit des Rechts, besonders wenn es von einer gehobenen Gesellschaftsklasse gehandhabt wird, doch ist sie auch für untere Gesellschaftsklassen instruktiv, sie warnt sie eindringlich, störrisch ihrem Triebleben freien Lauf zu lassen. Daß ich somit mit einer Geschichte ende statt mit einer Moral, mag befremden, aber erstens hat meine Geschichte eine Moral, und zweitens kann ich mich auf keinen Geringeren als Aristoteles berufen, habe der doch seine leider verlorenen Hauptwerke besonders gern mit ausgefallenen Geschichten illustriert, heißt es, um so mehr kommt es daher mir zu, der ich kein Philosoph bin, wenigstens darin dem großen Denker nachzueifern.

Die zweite Geschichte

Der Kalif Harun al-Raschid und sein Großwesir wurden von den Christen hart bedrängt, wobei die Christen, die sich durch den Genuß alkoholischer Getränke vor der Schlacht in der Schlacht in eine Raserei zu steigern wußten, leicht im Vorteil lagen. Der Kalif und sein Großwesir beschlossen, dieser Tatsache wissenschaftlich auf den Grund zu gehen, und sie erhielten vom heiligen Imam, dem großen Kenner des Korans, die Erlaubnis, zu Forschungszwecken einige erbeutete Flaschen Châteauneuf-du-Pape zu trinken. Nachdem sie drei Flaschen Châteauneuf-du-Pape getrunken hatten, wobei sie die christliche Kriegstaktik durchexerzierten, kamen sie, ohne recht zu wissen, warum, auf die Frauen zu sprechen. Der Großwesir besaß eine schöne Sklavin, der Kalif verlangte sie zum Geschenk. Der Großwesir schwor beim Barte des Propheten, die Sklavin nicht zu verschenken. Der Kalif erbot sich, die Sklavin zu kaufen, der Großwesir, seltsam eigensinnig, was doch sonst nicht seine Art war, schwor beim Barte des Propheten, die Sklavin nicht zu verkaufen. Nach zwei weiteren Flaschen Châteauneuf-du-Pape schwor der Kalif ebenfalls beim Barte des Propheten, daß er die Sklavin des Großwesirs noch diese Nacht als Eigentum besitzen werde. Kaum war der Schwur getan, als sich die beiden erschrocken anstarrten, jeder hatte beim Barte des Propheten das Gegenteil dessen geschworen, was der andere geschworen hatte. Sie ließen den heiligen Imam rufen, der schlaftrunken angetorkelt kam, hatte er doch zu Studienzwecken ebenfalls einige Flaschen Châteauneuf-du-Pape mitnehmen dürfen. Der Kalif und der Großwesir erklärten dem Heiligen das Dilemma. Der Imam gähnte. »Großer Kalif«, sagte er, »das Problem ist einfach zu lösen. Der Großwesir soll dir die Sklavin zur Hälfte verkaufen und zur Hälfte schenken, dann hat er seinen Schwur nicht gebrochen, denn er hat beim Barte des Propheten bloß geschworen, die ganze Sklavin weder zu verschenken noch zu verkaufen.« Der Imam wurde mit hundert Goldstücken belohnt und ging wieder nach Hause, der Kalif und der Großwesir tranken eine weitere Flasche Châteauneuf-du-Pape, und die Sklavin wurde gebracht. Sie war so schön, daß der Kalif schwor, noch diese Nacht mit ihr zu schlafen – leider wieder beim Barte des Propheten. Der Großwesir erbleichte, entkorkte eine weitere Flasche Châteauneuf-du-Pape zu wissenschaftlichen Zwecken und lallte: »Mächtiger Kalif, du hast beim Barte des Propheten eine neue Unmöglichkeit geschworen, denn die Sklavin ist noch Jungfrau, und nach dem Gesetze des Korans darfst du erst nach mehrtägigen Riten mit ihr schlafen.« Der Kalif, bestürzt, ließ den Imam rufen. Der heilige Rechtsgelehrte, zum zweiten Male geweckt, hörte sich das Unglück an. »Großer Kalif«, sagte er, »kinderleicht. Laß einen Sklaven rufen.« Der Sklave wurde gerufen und nahm zitternd vor dem Kalifen Achtungstellung an. »Gib dem Sklaven die Sklavin zur Frau«, befahl der Imam. Der Kalif gehorchte. »Nun soll der Sklave den Wunsch aussprechen«, fuhr der Heilige fort,

»sich von der Sklavin scheiden zu dürfen. Du vollziehst die Scheidung, und mit einer geschiedenen Frau darfst du nach den Gesetzen des Korans jederzeit schlafen.« Aber die Sklavin war so schön, daß sich der Sklave weigerte, sich von ihr scheiden zu lassen. Der Kalif bot ihm ein Goldstück, zehn Goldstücke, vergeblich, der Sklave blieb störrisch. Der große Imam schüttelte den Kopf. »Großer Kalif«, gähnte er traurig, »wie gering sind deine Kenntnisse, nichts widersteht den Gesetzen des Korans. Es bleiben dir zwei Möglichkeiten offen. Häng den Sklaven auf, mit seiner Witwe darfst du jederzeit ins Bett, die Witwe eines Gehängten ist ehrlos.« »Die zweite Möglichkeit?« fragte der Kalif. »Mache aus der Sklavin ein freies Weib«, befahl der Imam gelassen. »Sie sei ein freies Weib«, sagte der Kalif. »Siehst du«, stellte der Imam fest, »nun kannst du sie gegen den Willen des Sklaven von ihm scheiden lassen, denn sie ist ein freies Weib und er ein Sklave, und eine Ehe zwischen einem Freien und einer Sklavin oder zwischen einem Sklaven und einer Freien kann jederzeit geschieden werden, nicht auszudenken, wohin wir sonst mit unserer gesellschaftlichen Ordnung noch kämen. Doch nun gehe ich endgültig schlafen.« Der große Rechtsgelehrte wurde mit tausend Goldstücken belohnt, grüßte und entfernte sich. Der Großwesir, schon eingeschlafen, wurde in seinen Palast getragen, der Sklave trotzdem gehängt, und der Kalif Harun al-Raschid war mit der schönen freigelassenen Sklavin und der letzten Flasche Châteauneuf-du-Pape allein.

Meine Damen und Herren, ich danke Ihnen für Ihre Aufmerksamkeit.

Nachwort

In diesem Vortrag wird nicht versucht, die politische Wirklichkeit dieser Welt erschöpfend zu zeichnen, sondern nur, auf einige ihrer Gesetze hinzuweisen. Wie in den Gesetzen Keplers nur ein begrenzter Aspekt des Universums sichtbar wird, so wird bei einem Vortrag nur ein begrenzter, einseitiger Aspekt der Politik beleuchtet und auch der nicht vollständig; was sich zum Beispiel heute in China abspielt, verlangt wahrscheinlich zu seiner dramaturgischen Charakterisierung eine ebenso andere Dramaturgie wie das Chinesische Theater.

Überlegungen zum Gesetz der großen Zahl

Ein Versuch über die Zukunft (Fragment)
1976/77 [Mai 1977]

Gesetz der großen Zahl: Wie in der Thermodynamik gewisse Gesetze erst auftreten, wenn ›sehr viele‹ Moleküle beteiligt sind (Loschmidtsche Konstante: bei 0° Celsius und einer Atmosphäre Druck enthalten 22 415 cm^3 eines idealen Gases $6.023 \cdot 10^{23}$ Moleküle) – während die Bewegungen der einzelnen Moleküle dem Zufall unterworfen sind –, so werden gewisse Gesetze erst bei ›sehr vielen‹ Menschen wirksam (Erdbevölkerung 4 Milliarden), etwa jenes des Primats der Gerechtigkeit vor der Freiheit.

Ein drastisches Beispiel stellt der Verkehr dar: Die Erfindung der Eisenbahn ist vernünftig, weil sie vorerst der Gerechtigkeit und dann erst der Freiheit unterstellt ist. Sie dient der Beförderung der Massen. Der Freiheit wird insofern Rechnung getragen, als, wer mehr zahlt, bequemer reist. Hätten wir die Möglichkeit, die uns diese Erfindung bietet, weiterhin ausgenutzt, wären unsere Züge heute überfüllt, aber technisch entwickelter und billiger. Dagegen steht die Erfindung des Autos unter dem Primat der Freiheit. Sie dient der Beförderung des Einzelnen. Das Auto wurde vorerst als Vehikel für die Reichen, dann für den Mittelstand und für die Wirtschaft konstruiert. Für den Arbeiter war das Fahrrad da, auch es zuerst ein Sportartikel für die Begüterten. (Heute wird es wieder vom Generaldirektor bestiegen; er fürchtet den Herzinfarkt.) Die Gerechtigkeit kam erst später ins Spiel, jeder forderte mit Recht das Recht auf einen eigenen Wagen. Doch wirkt sich das falsche Prinzip, das Primat der Freiheit vor der Gerechtigkeit, das zur Erfindung des Autos führte, verhängnisvoll aus, paradoxerweise, je mehr nachträgliche Gerechtigkeit hinzukommt: der Volkswagen, der Gebrauchtwagen, der Wagen auf Anzahlung usw. Die Anzahl der Wagen wächst. Das Gesetz der großen Zahl wird wirksam. Und immer bessere Verkehrswege werden notwendig. Damit stellen sich auch der Massenmord und die Massenverstümmelungen auf den Straßen ein, die Luftverschmutzung, der Lärm, der unwirtschaftliche Energieverbrauch bei immer größerer Energieknappheit.

Doch auch sonst macht sich das Gesetz der großen Zahl bemerkbar, indem es etwa beinahe überall das Primat der Freiheit ad absurdum führt: in unserer Wirtschaft, in unserem Finanzsystem, auf das sich jene gründet, mit der ungeheuerlichen Anarchie, die es beherrscht und Schiebungen von einem derartigen Maßstab möglich macht, daß sich auf diesem Terrain, auf dem die Glücksritter mit Erfolg jagen oder ihre Böcke schießen, eigentlich niemand mehr auskennt; vom Bodenrecht ganz zu schweigen, das Primat der Freiheit führte hier nicht nur zu abenteuerlichen Spekulationen, es beeinflußte auch die Architektur; der Boden konnte aufgestockt werden. Bestanden die modernen Wohnsiedlungen in meiner Jugend noch aus Einfamilienhäusern, so bestehen sie nun aus einer sinnlosen Aneinanderreihung von Hochhäusern, aus Wohnmaschinen, erzwungen von den Bodenpreisen. Grotesk, daß die Sozialbauten diesen Unsinn mitmachen. Doch auch daran, daß sich die Pannen immer verheerender auswirken, läßt sich das Gesetz der großen Zahl erkennen. Daß ich so viel vom Zufall rede, ist nicht ein dramaturgischer Tick, unter dem ich leider nun einmal leide, ich trage nur dem Gesetz der großen Zahl Rechnung. Dichterisch wäre das Schicksal ergiebiger, aber nicht dieses, sondern der Zufall ist abzuschätzen. Als Auslöser immer größerer Katastrophen ist er ein Kalkül der Wahrscheinlichkeit. Was sich auf den Straßen abspielt, spielt sich auch anderswo, aber in größeren Ausmaßen ab. Da mit dem Zufall in Form von Pannen statistisch zu rechnen ist, sind nicht nur weitere Katastrophen wie jüngst in Teneriffa oder in der Nordsee voraussagbar, auch unermeßliche Unfälle im atomaren Bereich sind es, usw. Die Katastrophenanfälligkeit der modernen Welt als Auswirkung ihrer Wirtschaft und ihrer Politik nimmt zu.

Auf uns, um noch genauer zu sein, auf uns Schweizer bezogen (nicht etwa, weil ich darunter litte, ein Schweizer zu sein, vom Unbehagen am Kleinstaat geplagt, sondern aus dem bloßen Umstand, daß ich zwar gerne Schweizer bin, aber nicht einsehe, warum wir nicht wie andere ein Beispiel für die Schwierigkeiten abgeben sollen, in denen man samt und sonders steckt – wobei die Schweiz keinen Sonderfall in unserer Zeit darstellt, außer daß sie mit unserer Zeit auf ihre besondere Art nicht fertig wird): Es ist nicht zu übersehen, daß viele unserer Probleme, seit wir ein zu großer Kleinstaat geworden sind, tragisch-komische Züge angenommen haben; etwa jenes unserer Landesverteidigung: ›tragisch‹ insofern, als jene, die ihren Sinn nicht mehr einsehen, zu unsinnigen Freiheitsstrafen verurteilt werden, ›komisch‹ deshalb, weil andererseits eine Schweiz geschaffen wird, die immer unmöglicher zu verteidigen ist.

Uns, die wir zur achtgrößten Industrienation der Welt geworden sind, vermögen schon einige wenige Terroristen und Prokuristen die Hilflosigkeit unseres technischen und wirtschaftlichen Systems zu demonstrieren, und ein zurückgesetzter kleiner Beamter vermag das Telefonnetz eines ganzen Quartiers einer Großstadt lahmzulegen. Was bei der Bombardierung unserer Industrielandschaft, und damit unserer Staudämme und unserer Atomkraftwerke usw. geschähe, wird lieber überhaupt nicht diskutiert. So sind wir denn technisch – kommt es zum Krieg – verwundbarer denn je geworden und werden in Zukunft noch verwundbarer werden; damit wird aber unsere Armee immer unglaubwürdiger. Sie gleicht einer Schutztruppe, die eine Pulverfabrik zu bewachen hat, in der immer gefährlichere Experimente durchgeführt werden und in der nicht einmal mehr das Rauchverbot eingehalten wird. Sie gerät in eine groteske Grätschstellung zwischen Abwehrwillen und Abwehrmöglichkeit, bis wir endlich auf sie – nehmen wir unsere Realität ernst – in naher Zukunft oder gar schon jetzt verzichten können, weil ihre Aufgabe an sich unmöglich geworden ist.

Aber gerade diesen Gedanken darf ein Schweizer nicht denken. Hier wird jeder ideologisch. Die schweizerische Armee muß sein. Schön. Ich meinerseits bin gegen die Armee. Für mich ist sie – ihrer heutigen Idee nach – Unsinn, ein Relikt der Vergangenheit. Das Axiom der Landesverteidigung – früher geschichtlich berechtigt –, jenes der bewaffneten Neutralität: ich nehme sie keinem Politiker mehr ab. Ein durchindustrialisierter Kleinstaat kann sich nicht mehr allein verteidigen, ohne sich selbst zu zerstören. Man komme nicht mit Vietnam oder Israel, wer damit kommt, begeht eine bewußte Irreführung; man komme aber auch nicht damit, die Tschechoslowakei hätte sich wehren müssen. Keine Regierung hat das Recht, von der Bevölkerung Selbstmord zu verlangen. Will aber die Schweiz in ihrer Armee noch einen Sinn sehen, soll sie wenigstens ehrlich sein: Sie gebe ihr einen neuen Sinn, opfere die Neutralität und trete der NATO bei. Was sie im Kriegsfall ja tun muß. Will sie das nicht, will die Schweiz neutral bleiben, gebe sie zu, was dann ihre Armee ist: verdammt teure Folklore. Geld muß man eben haben.

Doch bin ich bei weitem kein Defaitist. Abgesehen davon, daß die Schweiz für den Kriegsfall ja längst eine Neutralität aufgegeben hat, die ihr der Osten im Kriegsfall auch nicht glauben würde, und obgleich ihr der Stolz fehlt, ihre Unglaubwürdigkeit zuzugeben und mit offenen Karten zu spielen statt mit gezinkten, halte ich Völker für lebensfähigere Gebilde, als offenbar unsere Militärs dies tun, und vor allem die kleinen Völker. Diese – jenseits von ihrem Wesen als Institutionen, an denen zu arbeiten ist – sind Ideen, und als Ideen sind sie unverwundbar.

Die großen Imperien verschwinden. Wo ist Rom geblieben? Wer spricht von Byzanz? Das Heilige Römische Reich Deutscher Nation ist eine Legende, dem kaiserlichen Deutschland, das ›es erreicht‹ hatte, hat es auch nicht gereicht; das Tausendjährige Reich ist nur noch ein Spuk, das französische, das österreichisch-ungarische, das englische Imperium sind nostalgische Erinnerungen, Stoffe für Fernsehserien. Doch wer den Osten etwas kennt, weiß, daß sich dort unter der roten Decke immer noch die alten Völker regen. Sie waren nie Großreiche, und wenn sie es einmal waren, wie etwa Polen und Litauen, dann nur für kurze Zeit.

So ist es auch in Europa. Dänemark überlebte ohne Armee. Die Völker sind sehr kompakte Ideen von Schicksalsgemeinschaften. Das schweizerische Denken klammert sich zu sehr an die Vorstellung, die Schweiz gehe mit ihrer Armee unter, werde die einmal besiegt. Um so merkwürdiger, als die moderne Schweiz aus einer totalen Niederlage hervorging. Ein Volk kann untertauchen, so skeptisch ich auch gegen diesen mehr emotionalen und oft mißbrauchten Begriff bin, doch deutet er auf etwas Individuelles, Konkretes, ja Existentielles, das sich in der Unterdrückung regt, von dem aus sich der Widerstand aufbaut – gerade auch gegen die ideologischen Staatsgebilde von heute. Nicht grundlos behaupten diese, das Volk zu vertreten. Liegt doch der Grund in ihrer Furcht, das Volk komme dahinter, daß die, die in seinem Namen handeln, dies wohl in seinem Namen, aber in ihrem Interesse tun: Die ungeheure und komplizierte Realität zwingt auch einem so stur ideologischen Imperium wie der Sowjetunion den Konflikt zwischen Ideologie und Vernunft auf.

Nun heißt das ›Vernünftige‹, als Suchen nach Wahrheit, nach Gerechtigkeit, nach Freiheit verstanden, nicht Unwissen darüber, was im Abstrakten, im Fiktiven wahr, gerecht, frei wäre, aber es bedeutet, daß wir nicht von der Wahrheit, von der Gerechtigkeit, von der Freiheit ausgehen können, nicht vom Idealen, sondern vom Konkreten, daß wir uns im Wissenschaftlichen der Wahrheit und im Politischen der Gerechtigkeit und der Freiheit anzunähern haben, wobei das Primat des Suchens nach Gerechtigkeit vor dem Suchen nach Freiheit bedeutet, daß die noch mögliche Freiheit nur über den Weg der möglichen Gerechtigkeit gefunden werden kann.

Ich bin mir bewußt, daß ich gewagt formuliere, haarscharf an Marx vorbei, liegt doch der marxistische Grundirrtum darin (wieder ein Hegelsches Erbe), daß die Freiheit von selbst eintrete, habe man nur einmal die Gerechtigkeit installiert. Sie ist in den marxistischen Ländern nirgends eingetreten (weil man sich einbildete, die Gerechtigkeit gefunden zu haben, statt sie zu suchen). Und wo sie sich regte, wurde sie niedergetreten (im Namen der gefundenen Gerechtigkeit). Das paradoxe Resultat besteht darin, daß der Marxismus den wirklichen Klassenstaat schuf, jenen der Verwalter und der Verwalteten, maßvoll gesprochen, wobei sich zwischen den Verwaltern (die sich auf eine Oligarchie reduzierten) und den Verwalteten (die fast die ganze Bevölkerung ausmachen) noch weitere Klassen eingenistet haben, jede einzelne mit ihren besonderen Privilegien, eine Klasse von verwalteten Verwaltern, die weitere Verwalter verwalten, die nun ihrerseits wiederum eine weitere Klasse bilden usw... (Nicht umsonst wird im Osten Kafka, der doch ein religiöser Dichter ist, gesellschaftlich-kritisch verstanden, nämlich als Kritiker einer sicher nicht kapitalistischen Gesellschaftsordnung.) Dagegen sind in den modernen Staaten des Westens die Klassen weit fiktiver. So wartet die noch paradoxere Aufgabe auf uns, einen marxistischen Staat ohne Marxismus zu bilden, Marx ernst zu nehmen, aber nicht dogmatisch, ihn endlich zu überwinden, statt ihn immer noch umzuinterpretieren: Wir müssen uns aufs neue von einem Mittelalter trennen.

Nun erfolgen die Schritte der Geschichte nach vorne meistens ein Jahrhundert zu spät. Die Aufklärung fiel ins Zeitalter des Absolutismus. Kant schloß sie ab. Die Französische Revolution leitete die Romantik ein, deren Philosophen die deutschen Idealisten Fichte, Schelling, Hegel und Marx waren; Marx, dessen reaktionäre Idee, Philosophie in Ideologie zu verwandeln und mit dieser die Welt zu verändern statt sie zu interpretieren, eine romantische ist, denn damit mußte er einen neuen Glauben und eine neue Kirche gründen; er verwirklichte die Romantik, indem er ein neues Mittelalter schuf – die Sehnsucht der Romantik –, während schon längst die Wissenschaft die Welt veränderte, indem sie die Natur neu interpretierte. So ist denn die Oktoberrevolution, in seinem Namen ausgerufen und von einem gerissenen Regisseur seiner Ideologie inszeniert, der Höhepunkt der Romantik, welcher mitten ins wissenschaftliche Zeitalter fiel; ebenso die Nazis, auch sie Romantiker, nur daß ihnen ein anderes Ideal der Romantik vorschwebte: das Reich, so daß sich wieder einmal mit phantomhafter Verspätung, Papst und Kaiser gegenüberstanden, wobei sich die Kirche, die kommunistische Partei, aufs neue behauptete; doch ihr Glaube versiegte mit ihrem Sieg. (Nicht so in der Dritten Welt, wo der Marxismus noch eine Hoffnung ist, und anders in China, wo er eine offenbar notwendige Arbeitshypothese bedeutet.)

Doch wie man in den industrialisierten Nationen den Glauben kaum in den offiziellen Kirchen, sondern bei den Sekten lebendig findet (wenn auch auf eine gespenstische Weise), so spielt sich der politische Glaube intensiv nur noch in ideologischen Splitterbewegungen ab. Hier hat er seine Explosivkraft bewahrt: er braucht die Nestwärme der Kommune, die Kameraderie der Gruppe, die Kumpanei der Fronde, wobei diese allzu leicht in ein irrationales Niemandsland stoßen, wo mit dem besten Willen nicht mehr ausgemacht werden kann, ob es sich um Ideologen handelt, die kriminell geworden sind, oder um Kriminelle, die Ideologen spielen; als Hintergrund der unbeschwerte geistige Schwung irritierter Studenten, manchmal auch das schlechte Gewissen einiger Literaten, bloß zu schreiben statt zu handeln; alle herausgefordert durch Staaten, die mit den Mitteln ihrer Verfassung ihre Verfassung ad absurdum führen.

Ein Abend mit Basler Studenten, der Saal überfüllt. Konrad Farner sprach eigenwillig, Dubček sei keine Lösung gewesen, überhaupt keine, ebensowenig der Sowjetkommunismus, der eine Farce sei, der einzige wirkliche Kommunismus, den er in der Tschechoslowakei gefunden habe, sei eine kleine Gruppe christlicher Täufer, der Kommunismus verlange die Veränderung des gesellschaftlichen Systems durch den veränderten Menschen, die Studenten glotzten ehrfurchtsvoll, aber verständnislos, was wollte der Mann, einst der Ideologe der ›Partei der Arbeit‹, der noch für die Unterwerfung Ungarns eingetreten war und es schwer hatte büßen müssen, wurde doch damals jedermann von der Grundwelle des Volkszorns ergriffen, leistete sich doch in jenen Zeiten die ganze Schweiz einen geistigen Widerstand, der sie nichts kostete, Österreich lag schließlich, Gott sei Dank, dazwischen; was sollte man mit diesem Kommunismus anfangen, den er predigte, der nicht eine Weltanschauung oder eine Ideologie, sondern eine ökonomische Notwendigkeit war, die auch ein Christ, Jude, Muslim oder Buddhist annehmen konnte, ohne aufzuhören, Christ,

Jude, Muslim oder Buddhist zu sein? Darauf sprach ich, improvisiert, sicher wirr, weil ich als Schriftsteller so gar kein Improvisator bin; die marxistische Idee sei schön und gut, aber sie brauche Zeit, sich zu verwirklichen, enorme Zeit, und ich befürchtete bloß, daß vorher die Menschheit, der nicht mehr soviel Zeit zur Verfügung stehe, zum Teufel ginge; wohlwollende Ablehnung, man zieht auch nicht in einer Versammlung der Zeugen Jehovas Christi Wiederkunft in Zweifel, ein junger Student fegte uns beide vom Platz, nicht unfreundlich, blonde Mähne, blonder Bart, ein junger Wotan, aber – zur Erleichterung der Gemeinde –: ohne Reinheit der Lehre gehe es nicht, der Saal toste, die Winterstürme der Skepsis wichen dem Wonnemond der Ideologie, Wotan steigerte sich, wurde messerscharf; nun aufgepaßt und hingehört, aus dem blonden Gestrüpp blitzte es blau, warum es beim Kommunismus bis jetzt nie geklappt habe, darauf seien eben Dubček und die Prager Genossen gestoßen, Punkt so und Punkt so ihres Programmes usw.; Begeisterung, wieder einmal lag die Lösung dort, wo sie zwar noch nie, aber beinahe doch realisiert wurde, wieder einmal hatten die Marxisten recht, aber einfach Pech gehabt, nur noch einen Schritt, eine winzige Korrektur, und das Ganze war erreicht, war eigentlich schon erreicht, nur noch die Realisierung fehlte, eine Nebensächlichkeit, eine Frage von Wochen, Monaten, einigen lumpigen Jahren, Jahrzehnten; wie die Mauer um Jericho fiel der Spätkapitalismus ohnehin auseinander.

Demgegenüber: im Kreml anläßlich eines Schriftstellerkongresses. Der Zynismus, mit welchem Ideologie zelebriert wurde, als politisches Ereignis ersten Ranges kaschiert, die devoten Rechenschaftsberichte, die vom gesamten Politbüro abgenommen wurden, Breschnew, Kossygin, Suslow usw., hinter einem langen Tisch sitzend, unbeweglich, steinern, Monumente einer eingefrorenen Ideologie, vor einem riesenhaften Leninkopf im Profil, stundenlang; später die langweiligen Monstersitzungen, auch sie stundenlang, steril, monoton, einmal unterbrochen vom Protest einer Leningrader Genossin, die sich beklagte, die Zensur habe wieder zugenommen, man setze außerdem die Papierkontingentierung politisch ein, und Solschenizyn sei ein großer Schriftsteller, schüchterner Beifall, worauf der Präsident alle aufforderte, sich zu Ehren der Delegation des Vietcongs zu erheben, tosender Beifall, die Tausende erhoben sich (Wo in der Welt gibt es sonst so viele Schriftsteller?), der Protest wurde unbeantwortet gelassen, und ein Chanson-Texter beschwerte sich, die Texter würden nicht für voll genommen, dabei sei ihre Kunst besonders volksnah, allerdings auch bedroht von der westlichen Dekadenz: so habe einer von ihnen jüngst in einem Text die Kosmonauten lächerlich gemacht; die Massenfeigheit war deprimierend, die sich da manifestierte.

Demgegenüber weisen unsere staatlichen Feiern etwas Komisches auf, auch unsere Umzüge am 1. Mai. Ich erkenne es dankbar an: patriotisch ist der Schweizer außer in der Offiziers- und Unteroffiziersgesellschaft nur noch beim Fußball (wenn auch hier ernüchtert) und beim alpinen Wintersport. Die Festredner gehen mit der Freiheit so vage um, daß es scheint, sie selber vermöchten nur mit Mühe ihren Worten zu glauben. Auch uns hat unsere Ideologie an die Wand gespielt. Auch wir sind eine tote Kirche, das Gesetz der großen Zahl fordert den

Sozialstaat. Er ist auch bei uns nicht zu umgehen. Führt die Zunahme der Bevölkerung ohne gleichzeitige und analoge Zunahme der Wirtschaft zum Massenelend, zum Problem der Dritten Welt (daß Zunahme nicht unbedingt eine Industrialisierung sein muß, bewies China), führt die Expansion der Industrie durch die freie Marktwirtschaft dazu, daß die Forderung, gesellschaftlich eine gerechte Lösung zu suchen, immer dringlicher wird.

Diese Forderung stellt sich auch in der Schweiz immer dringlicher. Auch bei uns ist eine gerechtere gesellschaftliche Lösung noch längst nicht gefunden. Daß die Schweiz nicht mehr ist, was sie sich einst einbildete zu sein, und noch längst nicht ist, was sie längst sein sollte, stellt eine weitere Unglaubwürdigkeit unseres Landes dar, die uns alle quält, hoffentlich quält. Auch die Schweiz ist weder Fisch noch Vogel. Wirtschaftlich ist sie mit ihrem Latein am Ende, sie beginnt, auf ein Wunder zu hoffen, schlimmer noch: auf einen neuen Korea-Boom. Mögen andere Kriege führen, du, glückliche Schweiz, machst Geschäfte. Doch nutzen Moralien nichts, wird das Paradoxe der Lage nicht erkannt, weshalb denn auch so manche politische Forderung eine Platitüde darstellt. So ist ein Recht auf Arbeit sinnlos, wenn es nicht ein Recht auf eine sinnvolle Arbeit in sich schließt.

Die hartnäckige Feststellung des Präsidenten der Schweizerischen Sozialdemokraten neulich in einer Fernsehdebatte, wir müßten uns doch endlich entschließen, welchen Staat wir eigentlich wollten, ist berechtigt. Wenn ich in der Sache, um die es damals ging, trotzdem ›Nein‹ stimmte, so nur, weil den Staat, den sich die

Sozialdemokratie wünscht, die Regierung und die Mehrheit des Parlaments nicht will. Was diese wollen, ist mehr Geld, das sie sich so oder so holen, um den Staat, den wir haben, so oder so weiterzuführen. »Und bist du nicht willig, so brauch ich Gewalt«: angesichts dieser Alternative wird das ›Nein‹ zum Protest. Aber die Feststellung, daß wir uns für einen neuen Staat entschließen müssen, weil der alte ausgespielt hat, ist damit nicht widerlegt, nur die Frage nach dem Wesen dieses Staates bleibt offen, denn die Bezeichnung, die die Firma führt, sagt über diese nichts aus.

Hier liegt das Dilemma der Sozialdemokratie: Sie bietet den Sozialstaat an, aber der Sozialstaat bedeutet ›mehr Staat‹, was der bürgerliche Staat auch anbietet, auch er muß ein Mehr an Staat hinnehmen, das Gesetz der großen Zahl zwingt allen den Sozialstaat auf. Die Koalition der Sozialdemokraten mit den bürgerlichen Parteien ist logisch: beide wollen nicht das gleiche, aber müssen das gleiche tun. Das trifft auch zu, wo einer der beiden, bald der eine, bald der andere, in Opposition tritt, jeder, einmal an der Macht, muß dem Staat ein ›Mehr‹ zufügen. Die Furcht beider ist freilich verschieden, wenn auch mit viel Demagogie verbunden. Die ›Bürgerlichen‹ fürchten die Volksdemokratie, die Sozialdemokraten die Diktatur.

Doch liegt das Dilemma, in welchem sich die Parteien befinden, im Gesetz der großen Zahl selber. Das Primat der Suche nach Gerechtigkeit vor der Suche nach Freiheit, welches das Gesetz impliziert, fordert einerseits a priori ›mehr Staat‹, anderseits a priori mehr Demokratie. Bedeutet doch dieses Primat, daß einst der Sinn der Freiheit in der Gerechtigkeit hätte liegen sollen. Nun, diese Chance ist – wie die marxistische – vertan. Darum kann die Antwort auf die Frage nach dem Wesen des neuen Staates nur die sein: jedem ›Mehr‹ an Staat muß ein ›Mehr‹ an Demokratie entsprechen: das heißt Demokratisierung der Verwaltung, der Betriebe, der Schulen, der Polizei usw. Der Bürger sollte statt zum Militärdienst zum Beamtendienst aufgerufen werden. Der neue Staat ist nicht ein demokratischer Staat, sondern ein demokratisierter Staat – ein Unterschied, den das Gesetz der großen Zahl erzwingt. Wenn auch nur in einer Richtung: da es auf ein ›Mehr‹ an Staat hinarbeitet, ist die demokratisierende Tendenz eine notwendige Gegenbewegung. In ihr liegt die Marschrichtung der Politik, auf die Freiheit zu. Auf die noch mögliche Freiheit. Denn das Gesetz der großen Zahl zwingt uns zwar unter das Primat der Gerechtigkeit, aber geht, blind wie jedes Gesetz, über diese hinaus: es zwingt uns in die Diktatur des Staates hinein, vollziehen wir nicht die Gegenbewegung, und somit, schauen wir bloß zu, unter die Diktatur irgendeines Kollektivs, aus dem sich, da sich jedes Kollektiv in interne Machtkämpfe verstrickt, allzu leicht wieder einmal ein Führer herausschält: Gerade das unbewältigte ›Mehr‹ an Staat ist der Grund, weshalb wir immer noch im Zeitalter der großen, mittleren und kleinen Diktatoren leben.

Somit ist die Demokratisierung des Staates die einzige echte politische Aufgabe, die uns noch bleibt. Der Schritt fällt uns schwer, wer tritt gern aus den Legenden und Mythen, in die wir uns eingesponnen haben, den Weg ins Ungewisse an, allein ausgestattet mit dem Wissen, daß uns Utopien nicht mehr helfen, sondern nur noch Erfahrungen, und im Bewußtsein, daß wir gerade dann, wenn wir uns endlich der möglichen Gerechtigkeit genähert haben, in Gefahr sind, die noch mögliche Freiheit zu verlieren – und wir werden sie verlieren, wenn sie uns nicht von Anfang an auf der Suche nach der möglichen Gerechtigkeit begleitet: alles wäre dann sinnlos gewesen.

Wohlgemeinte Ratschläge, ich weiß, nicht mehr. Es ist, als ob ein Schwerkranker vom Arzt den Rat bekäme, gesund zu leben. Ich versuchte eine Diagnose, Prognosen sind nur vorsichtig statthaft. Was die Zukunft bringt, ist ungewiß, doch bin ich nicht so felsenfest überzeugt, daß beim Raubbau an der Natur und ihrer gleichzeitigen Vergiftung der alte Malthus trotzdem widerlegt sei, der noch vor der Industrialisierung und der Bevölkerungsexplosion besorgt auf die beginnende Diskrepanz zwischen Bevölkerungszunahme und Ernährungsmöglichkeit hinwies und davon sein berühmtes Gesetz ableitete. Wir haben allen Grund, noch besorgter zu sein, und ich bin erstaunt, daß man zwar überall von einer Energiekrise spricht, aber ernsthaft nichts dagegen unternimmt. Im Gegenteil, das, was sie verursachte, die Hochkonjunktur, wünscht jedermann wieder zurück. Wir schieben unsere Probleme den ungeborenen Enkeln zu und vergessen, daß sie längst geboren sind.

Das Gesetz der großen Zahl steigert die Kriminalität, macht den Menschen aggressiver, das Bedürfnis nach Sicherheit wird siegen: die Gesetze werden rigoroser werden. Die Volksmeinung wird die Todesstrafe erzwingen. Auch die Sitten werden sich ins Konservative wenden, die Ehe wird wieder wichtiger werden. Der Sozialismus – auch bei Wahrung der Demokratie und verschiedener Parteien, die sich kaum von ihm unterscheiden, höchstens in ideellen Nuancen – wird ein strenger sein. Wir werden immer ärmer werden.

Aber das Individuum, durch die Institution in Schranken gehalten, wird sich, hoffen wir es wenigstens, sich selber zuwenden, statt extensiv wird es intensiv leben. Wir gehen harten Zeiten entgegen, falls wir davonkommen. Falls. Aber vielleicht werden es bessere, menschenfreundlichere sein. Doch kann es uns auch zustoßen, daß irgendeine rigorose Ideologie siegt. Auch die läßt sich überleben, wie unsere Vorfahren in Urzeiten die Eiszeit überlebten, mit ungeheuren Opfern vielleicht. Das Licht, das uns wärmt, entsteht im Sonneninnern. Es dauert – berechneten Wissenschaftler – 25 000 Jahre, bis es uns erreicht, sich mühsam durch die gewaltige Masse des monströsen Gasballs kämpfend, um welchen wir kreisen. So wird sich vielleicht der menschliche Geist gleichsam ins Menscheninnere zurückziehen, um dort seine schöpferischen Kernprozesse zu vollziehen. Hypothesen. Zum Schluß droht immer noch der Untergang der Menschheit. Nicht mehr eine bloße Hypothese, technisch ist er möglich geworden. Für uns die schlimmste Wendung, aber für das Leben und für diesen Planeten die vielleicht beste. Wir haben vielleicht doch zu viele Chancen vertan, um den Ablauf der Geschichte noch zum Vernünftigen hin zu wenden. Die Saurier mußten nach sechzig Millionen Jahren Herrschaft abtreten, die zwei Millionen Jahre, die seit dem ersten Auftreten unserer Gattung vergangen sind, reichen möglicherweise schon. Ein kurzes Intermezzo, nicht einmal das: wir sprachen auf der Welt vor und fielen durch.

Doch wohin wir auch treiben, an ein Ufer, das uns rettet, oder dem Katarakt zu, der uns zerschmettert, so oder so, nach dem Ablauf aller Geschichte, dem natürlichen oder dem unnatürlichen, der Mensch wird etwas

Einmaliges, Ungeheures und Wunderbares gewesen sein. Diese Gedanken in mir wälzend, tagelang, erzählte ich eines Abends einer jungen Frau, die schon der Generation angehört, die nach mir kommt, und zwei Kinder geboren hatte, die auf ihre Generation folgen, was ich gerade zusammenschreibe; sie lächelte während meines Vortrags, erhaben in ihrer Jugend, stolz, Mutter zu sein, und dann lachte sie: »Und jetzt? Was nützen deine Gedanken?« – Da wurde ich traurig.

Über Toleranz

Rede anläßlich der Verleihung der
Buber-Rosenzweig-Medaille am 6. März 1977

Nachträgliche Vorbemerkung

Ich gab 1946 das Studium der Philosophie auf, mit der offiziellen Ausrede, Maler, und mit der geheimen Absicht, Schriftsteller zu werden. Mit der Philosophie beschäftige ich mich seitdem vor allem, weil mich als Produzenten von Literatur die Literatur langweilt, aber auch immer wieder von dem etwas schlechten Gewissen getrieben, vor der Philosophie einmal getürmt zu sein, wenn ich auch meine Studien nicht überschätzt sehen möchte: Ich war ein ziemlich verbummelter Student. Schopenhauer und Nietzsche las ich in der Gymnasialzeit mehr wie Romane. Als Studenten hatten wir uns mit Platon und Aristoteles zu beschäftigen. Dazu büffelte man den ›Windelband‹ und im Notfall den ›kleinen Schwegler‹. In meinem letzten Studienjahr tauchte ein Privatdozent auf, der uns mit dem Existentialismus Heideggers zu befreunden suchte. Meine Animosität Heidegger gegenüber, die an mir haften blieb, muß aus dieser Zeit stammen. Als Dissertation war *Kierkegaard und das Tragische* vorgesehen. Es kam nicht dazu. Doch beunruhigte mich Kierkegaard weiter. Schon mein Vater gab sich mit ihm ab. Seit längerer Zeit beschäftigt mich die *Unwissenschaftliche Nachschrift*, die ich für Kierkegaards wichtigstes Werk halte. Mit Hegel kam ich nie zu Rande. Auch mit dem allergrößten Optimismus konnte ich seine Ansicht, in der Weltgeschichte verwirkliche sich der Geist, nie teilen, es sei denn, dieser Geist sei besonders blutrünstig. Was Hegel schrieb, ist eine Dramaturgie, die er der Geschichte unterstellte. Sie ist als Dramaturgie auf die geschichtliche Wirklichkeit bezogen belanglos, aber wie jede Dramaturgie eine Angelegenheit der Ästhetik. Darum die Wirkung Hegels auf jene, welche die Ästhetik mit der Wirklichkeit gleichsetzen. (Weitgehend scheint mir der Streit der Historiker über die Methoden ein Streit unter Dramaturgen zu sein. Romanciers sind sie alle, unter ihnen scheint mir Ranke der größte, gesetzt, man vermag bei der Lektüre zu vergessen, daß auch er Geschichtsschreiber sein wollte.) Doch nahm ich immer wieder einen Anlauf, in Hegel einen Sinn zu finden. Zuletzt 1970/71: durch eine Regiearbeit zu einem siebenwöchigen Aufenthalt in einem Hotel verdonnert, schwor ich mir, die *Phänomenologie des Geistes* durchzulesen. Es wurde ein Meineid daraus. Ich gelangte nur zur Verwirklichung des vernünftigen Selbstbewußtseins durch sich selbst, da wurde mir das Unternehmen zu unvernünftig. Noch das Kapitel ›Die Lust und die Notwendigkeit‹ in Angriff zu nehmen, fehlte mir die Lust und die Notwendigkeit. Ich gab auf. Nun, das liegt an mir und nicht an Hegel. Bei seiner *Logik* ging es mir schon während meiner Studienzeit nicht besser. Seine sich selber bewegenden Begriffe, dieses formidable Sichverwandeln des Seins ins Nichts und des Nichts ins Werden usw. schienen mir nichts Weiteres zu sein als ein verzweifeltes Jonglieren mit Begriffen, ein Herumrasen im Gefängnis der Sprache. Fichtes Dialektik (von der

Hegel die Methode übernahm), vom Ich und nicht vom Begriff auszugehen, kommt mir noch jetzt als die wichtigere vor: ist doch in ihr etwas vom existentiellen und ethischen Problem enthalten, wie der Einzelne zum Nächsten und über den zur Gesellschaft kommt, wobei freilich Fichte umzudeuten ist, denn sein ›Ich‹ meint nicht den Einzelnen, sondern das ›objektive Ich‹, jenen »mathematischen Punkt, der gar nicht da ist«, wie ihn Kierkegaard nennt, und gegen den er sich wendet. Doch beschäftigte mich der deutsche Idealismus nur insofern, als ich in ihm stets den verzweifelten Versuch sah, nach Kant doch noch irgendwie Metaphysik treiben zu können. Darum rätselte man am ›Ding an sich‹ herum, auch Schopenhauer. Was mich in meiner Studienzeit am meisten beschäftigte und seitdem nie losließ, war die *Kritik der reinen Vernunft*. In der Folge wurden für mich wichtig: Vaihingers *Philosophie des Als Ob*, Eddingtons genialische *Philosophie der Naturwissenschaft*, Alexander Wittenbergs *Denken in Begriffen* und zuletzt natürlich Karl Popper. Doch sollte er nun *Die offene Gesellschaft und ihre Feinde* mit einer Schrift ›Die offene Gesellschaft und ihre Folgen‹ ergänzen.

Das ist nun alles nicht berichtet, um mich als einen Denker auszugeben, ebensowenig, wie ich etwa dem folgenden Vortrag einen philosophischen Wert beimessen möchte, den er nicht hat, nicht haben kann: ging es mir doch nur darum, von meinem Denken aus auch politisch Akzente zu setzen. Aber es ist notwendig, die geistige Landschaft anzugeben, der man entstammt, mag noch so viel in ihr unbewältigt oder falsch vorhanden sein. Und, um meine Position noch zu präzisieren: Mein Verhältnis zur Theologie ist dadurch belastet, daß ich als

Pfarrerssohn von einer natürlichen Abneigung gegen alles Theologische geprägt bin. Der beste Grund, sich mit ihm abzugeben. Ich verdanke der Theologie vieles, von ihren gegensätzlichen Impulsen freilich. Karl Barths *Römerbrief* war für mich ein revolutionäres Buch, seine *Dogmatik*, in der ich oft lese, ein mathematisches Meisterwerk. Die Stellen über das Judentum sind ihr entnommen, den Bänden I/2 und III/3. Die Stelle über Hegel steht in seiner *Theologie im 19. Jahrhundert*. Zitate von Kierkegaard entnahm ich der *Unwissenschaftlichen Nachschrift*, erschienen bei Jakob Hegner, 1959, Seite 337–338. Am Schluß zitiere ich mehrfach Popper, *Objektive Erkenntnis*, Hoffmann und Campe, 1973. Der Satz Hegels über die wahre Gestalt der Wahrheit ist in seiner *Phänomenologie* zu finden. Außerdem wurden drei Sätze Maos verwendet, der, wie er selbst behauptete, einmal ein Kantianer war. Eigentlich schade, daß er nicht einer geblieben ist.

Meine Damen und Herren,
daß die im Deutschen Koordinierungsrat zusammengefaßten Gesellschaften für christlich-jüdische Zusammenarbeit mir die Buber-Rosenzweig-Medaille verliehen haben, überraschte mich doppelt: Weder wußte ich etwas von der Existenz der Medaille, noch etwas von jener des Koordinierungsrates. Dieser schickte mir letzthin – als ob er mein Nichtwissen geahnt hätte – die Präambel seiner Satzung zu, worin unter anderem steht, daß die Arbeit der Gesellschaften bei gegenseitiger Achtung aller Unterschiedlichkeiten besonders dem Verhältnis zwischen Christen und Juden gelte, welches für viele Mit-

glieder durch den gemeinsamen Glauben an den Gott der Offenbarung gekennzeichnet sei, daß sie, die Gesellschaften, offen für Menschen auch anderer Weltanschauungen, für die aktive Kooperation zwischen Christen und Juden, sowie für die Pflege freundschaftlicher Beziehungen zum Staate Israel eintreten, endlich, daß weltanschaulicher Fanatismus, religiöse Intoleranz, Rassendiskriminierung, soziale Unterdrückung, politische Unduldsamkeit die moralische und physische Existenz der Einzelnen wie auch ganzer Gruppen und Völker gefährden.

Meine Damen und Herren, ich weiß weder, wann diese Präambel verfaßt wurde, noch wer sie verfaßte. Ich denke, sie entstand spätestens im Jahre 1952, als letzter Abglanz einer Zeit, in der man noch an einen religiösen, moralischen und politischen Neubeginn glaubte, an einen inneren und an einen äußeren, und die doch schon gezeichnet war von der Furcht, der Neubeginn könnte unterbleiben. Die Furcht war nicht unbegründet. Auf der einen Seite wurde zwar die Demokratie wieder eingeführt, aber die Verstrickung der Schuldigen mit den Unschuldigen, der Mitmacher mit den Opfern war zu groß, und das beginnende Wirtschaftswunder, dem man heute schon wieder nachtrauert und dabei vergißt, daß es vor allem durch die einmalige politische Situation ermöglicht worden war, in die man nach der Niederlage geriet, dieser rasante Start in einen vorher und nachher nie gekannten Wohlstand hinein, drohte alles mit sich zu reißen: den Staat, die Parteien, die kulturellen Institutionen und auch die Kirchen, während auf der anderen Seite Preußen wiedergeboren wurde, freilich nicht seinem Geiste, sondern seiner Zucht nach.

Die Furcht behielt recht. Der Neubeginn blieb aus. Bei den Besiegten und bei den Siegern, die in ihrem Sieg den Beweis erblickten, ihre politischen Systeme seien die einzig wahren, so daß plötzlich Wahrheit gegen Wahrheit, System gegen System stand; und auch die Neutralen, in der Meinung, die Prüfung bestanden zu haben, unterließen es, sich selber zu prüfen. Ja, was den Juden drohte, nachdem sie durch den deutschen Antisemitismus zu einem Volk geprägt wurden, der Untergang, droht nun dem, was sich dieses Volk naturrechtlich schuf: seinem Staat.

Fragen wir uns bedrückt, welche Einsichten der Welt denn eigentlich der Zweite Weltkrieg brachte, so kann die bange Antwort nur lauten: Zwei andere Akteure spielen seitdem die Hauptrollen, und ein weiterer hat die dritte Hauptrolle bereits übernommen; jene, die früher auch Hauptrollen spielten, agieren nun in Nebenrollen, gleichgültig, ob sie zu den Besiegern oder zu den Besiegten zählten. Ja, viele, die einst Opfer waren, sind Opfer geblieben, aus der Beute des einen wurden sie zur Beute des anderen. Gewiß, die Statisterie ist ins Unermeßliche gewachsen, die Kulisse gewaltiger, die Requisiten furchterregender, die Bühne mit technischen Raffinessen ausgerüstet wie noch nie, die Beleuchtung besser denn je, und ein Theaterdonner steht zur Verfügung, der mit einem Schlag Bühne und Akteure zu vernichten vermag. Aber das Stück ist dasselbe, und die Vorwürfe und Repliken sind dieselben geblieben. Dieselbe Handlung rollt vor uns ab, immer neu ansetzend und sich doch immer gleich abspielend. Nur die Zahl der Opfer nimmt ständig zu. Die Dramaturgie der Weltgeschichte scheint sich nicht verändert zu haben, nicht einmal die Spekulationen darüber, wie diese Dramaturgie beschaffen sei. Einige behaupten immer noch, sie gehe streng folgerichtig vor: wer abtrete, sei im Unrecht, wer auftrete, im Recht, solange er nicht abtreten müsse. Einige sind nach wie vor der Meinung, sie demonstriere den Fortschritt der Vernunft. Andere glauben, woran sie auch vorher glaubten, an den Klassenkampf, der die Dramaturgie des Stücks ausmache. Wieder andere sehen in ihr, was sie seit jeher in ihr gesehen haben: die Demonstration, daß irgendwann zu Olims Zeiten die Welt in Ordnung gewesen sei und daß die Weltgeschichte, die sich seitdem ins immer Schlimmere entwickelt habe, endlich wieder zum Ursprung zurückfinden müsse. Einige wenige sehen in ihr das Gericht Gottes, einige wenige das Selbstgericht des Menschen. Aber die meisten resignieren, die Dramaturgie der Weltgeschichte besteht für sie aus zufälligen Einfällen, verrückten Patzern und Versprechern, heruntersausenden Hängestücken, außer Kontrolle geratenen Drehbühnen, absurden Motivationen und grotesken Handlungen.

Träfe dieses zu, wäre die Präambel sinnlos, sie wollte nur die Kunstkniffe verbieten, mit der jene Handlung vorangetrieben werden muß, die wir Weltgeschichte nennen, und ohne die sie gar nicht stattfinden könnte. Aber auch, wenn wir uns statt einer absurden eine sinnvolle Dramaturgie der Weltgeschichte denken, etwa als Verwirklichung des Geistes, scheint die Präambel höchstens das Ziel abzugeben, auf das die Weltgeschichte in diesem günstigsten aller Fälle hinsteuert: Denn wie könnte der Klassenkampf etwa mit politischer Duldsamkeit vor sich gehen, ohne den weltanschaulichen Fanatismus, der nun einmal zur Überzeugung gehört, der Klassenkampf sei notwendig, ja, ohne die soziale Unterdrückung, die schließlich seine natürliche Ursache zu sein scheint?

Nun mag es jedoch auch sein, daß die Schwierigkeit, in die wir mit der Präambel geraten sind, in der Vorstellung liegt, die Weltgeschichte sei von irgendeiner Dramaturgie bestimmt. Vielleicht sind wir auch nur durch den dramatischen Verlauf der Weltgeschichte verführt worden, hinter ihr eine Dramaturgie zu vermuten. Vielleicht ist das Gleichnis vom Sämann, der ausging, um zu säen, ein glücklicheres Bild: Etliches Gesäte trug Frucht, etliches hundertfältig, etliches sechzigfältig, etliches dreißigfältig, etliches erstickte in den Dornen, etliches fand zu wenig Erde, etliches wurde von den Vögeln gefressen, je nach dem Boden, auf den es vom Zufall geweht wurde. Wenden wir dieses Gleichnis vom Reiche Gottes auf die Weltgeschichte an, so meinen wir mit dem Sämann den Menschen, mit dem Boden, auf den die Samenkörner fallen, die Beschaffenheit, die leider den Menschen anhaftet in all ihrer Widerborstigkeit, Wildheit, Trägheit, Bequemlichkeit, in all ihrer Habgier und Machtgier, aber auch in all ihrem Unbewußten. Was aber bedeuten die Samenkörner?

Wir müssen uns zuerst fragen, ob die Forderung der Präambel meine, der Sämann säe *verschiedene* Körner, solche, die den weltanschaulichen Fanatismus dämpfen, solche, welche die religiöse Toleranz zum Sprießen bringen, andere, welche die soziale Unterdrückung verhindern usw., so daß die Präambel nichts als eines edlen Vereines edle Wunschliste edler Früchte wäre, oder aber, ob nicht der Sämann die *gleiche Art* von Samenkörnern säe, so daß wir, wenn wir etwa von der Toleranz reden, auch zu der sozialen Gerechtigkeit gelangen.

Den Versuch einmal gewagt, von der Toleranz einmal ausgegangen, stellen wir fest, daß sich die *religiöse Toleranz* weitgehend durchzusetzen scheint. Sogar in Nordirland oder im Libanon verbergen sich hinter den religiösen Motiven offenbar politische. Im ersten Fall ist es eine politisch unterdrückte Minderheit, und im zweiten geht es um die Vernichtung eines Volkes, des palästinensischen, durch eine nichtchristliche Macht, die syrische, die hinter einer christlichen steht, oder – handkehrum – stellt sich die syrische wieder hinter die palästinensische – falls es eine solche Macht im Libanon überhaupt noch gibt –, werden die christlichen Araber vernichtet.

So ist es die *politische Toleranz,* die überall mehr oder weniger in Frage gestellt ist, auch in den Demokratien, durch Spitzelunwesen, durch Gesinnungsschnüffelei, durch den Radikalenerlaß, durch wirtschaftliche Machenschaften. Ja, es sollte doch eigentlich undenkbar sein, daß in einem demokratischen Lande eine Partei – die sich für christlich und sozial ausgibt – einen Wahlkampf unter der Devise ›Freiheit oder Sozialismus‹ führt, als ob Freiheit und Sozialismus Antinomien wären statt notwendige Richtlinien der Politik, die beide zu berücksichtigen sind, als ob ein vernünftiger Mensch im heutigen Sprachgebrauch unter Sozialismus etwas Dogmatisches verstehen könne statt die nicht mehr aufzuschiebende Notwendigkeit, wenigstens im Ökonomischen die Gerechtigkeit durchzuführen als die einzige Voraussetzung einer noch möglichen Freiheit. Über die religiöse Toleranz dagegen wundert sich niemand mehr, ja, sogar der Osten, antisemitisch seit je bis auf die Knochen, wehrt sich dagegen, als antisemitisch zu gelten, und flüchtet sich in die Behauptung, er sei nur antizionistisch, während im Verhältnis der Araber zu den Juden und der Juden zu den Arabern, wo Recht gegen Recht und Heiligtum gegen Heiligtum steht, die politische Intoleranz stets Gefahr läuft, die religiöse Toleranz – und die religiöse Intoleranz die politische Toleranz – zu vergiften.

Angesichts dieser Tatsache wird es immer dringlicher, sich über das Wesen der Toleranz zu verständigen, ist doch dieser Begriff nicht eindeutig. Besonders mißtrauisch macht er uns, weil die Religionen erst auf die Toleranz kamen, als sie ohnmächtig wurden, nicht, als sie mächtig waren, von der Intoleranz ihrer verschiedenen Richtungen ganz zu schweigen. Die ›geoffenbarten Religionen‹ wandten die Toleranz – wenn sie sie überhaupt anwandten – ihrem Wortsinn nach an. Sie duldeten, waren sie an der Macht, im besten Falle die anderen nur, und weil die Juden nie an der Macht waren, bekam für sie die Toleranz eine bloß passive Bedeutung; sie hatten demütig den Hochmut der anderen, der Christen oder der Mohammedaner, nicht zu dulden, sondern zu erdulden, wie und bis zu welchen Unmenschlichkeiten, braucht hier nicht weiter ausgeführt zu werden.

Erst Lessing – soweit ich es überblicke – entwirft eine neue Konzeption der Toleranz. Der Streit zwischen den verschiedenen Religionen war sinnlos. Es gibt keine Instanz, ihn zu entscheiden. Der angerufene Richter erklärt sich für unfähig, den echten Ring, die echte Religion zu erkennen, die Intoleranz der Gläubigen macht sie verdächtig, alle seien »betrogene Betrüger«. Der Richter in der berühmten Ringparabel vermag nur den Rat zu erteilen, jeder möge nach seiner Religion leben, ihre Gebote einhalten, ihren Geist erfüllen. Die

Toleranz ist ein Vorschlag zu einer religiösen Koexistenz. Wie die politische Koexistenz die ideologischen Gegensätze, hebt jene die Gegensätze des Glaubens nicht auf, sie stellt sie nur nicht mehr in Frage. Lessings Toleranz ist ein kluger Schritt in einer Zeit, welche die ›geoffenbarte Religion‹ immer mehr in Zweifel zu ziehen beginnt, aber sie immer noch als Ideologie braucht; die Herrschenden regieren von Gottes Gnaden.

1781, als Lessing stirbt, gibt Kant die *Kritik der reinen Vernunft* heraus. Die Widerlegung der Gottesbeweise ist mehr als ein Akt der Logik. Gott weicht ins Unbeweisbare zurück. Er muß zwar notwendigerweise gedacht werden, doch ohne je Gegenstand der Erfahrung sein zu können, offenbar als eine Art notwendiger Fiktion. Die Theologie wird von der Philosophie getrennt; der Theologe hat in der Philosophie und der Philosoph hat in der Theologie nichts zu suchen. Erkennen wird zum Erkennen, der Glaube zum Glauben. Damit aber wird der Glaube – denkt man weiter – Privatsache, Sache des Einzelnen.

Kierkegaard dachte weiter: Keine Unterdrückung, keine Verfolgung hat die christliche Kirche je so in Frage gestellt wie die Revolution Kierkegaards, dieser Angriff vom Einzelnen her. Die Verfolgung hat sie stärker gemacht, die Reformation entzweit, aber erneuert, die Verbindung mit dem Staat korrumpiert. Durch den Angriff Kierkegaards wurde die Kirche als Institution zur Fiktion, das Christentum zur Innerlichkeit. Ein Wort, das ich nicht wähle, weil es Kierkegaard wählte, sondern weil es nicht nur politisch, nicht nur literarisch, sondern wohl auch theologisch in Verruf gekommen ist. Die Innerlichkeit ist für die einen etwas Gemütliches, Sentimentales, für die anderen etwas bloß Pietistisches, Schwärmerisches, bestenfalls Mystisches, und die Politiker halten sie für gesellschaftlich irrelevant. Für Kierkegaard dagegen ist die Innerlichkeit die Bestimmung des Menschen, weil kein Mensch *mehr* als ein einzelnes Individuum zu sein vermag, weshalb es für das Innerliche, das Existentielle, das Wesentliche kein System geben kann. Für den Einzelnen ist die Subjektivität das letzte, das ihm noch bleibt, und das Objektive das Verschwindende, die Identität von Denken und Sein eine Chimäre der Abstraktion. Nur wenn der Existierende wirklich außerhalb seiner selbst sein könnte, würde die Wahrheit für ihn etwas Abgeschlossenes sein, aber das hält Kierkegaard für unmöglich. Nur momentweise könne das einzelne Individuum existierend über das Existieren hinausgehen: im Augenblick der Leidenschaft.

So läßt sich sagen, daß nicht Platon, sondern Kierkegaard der eigentliche Schüler des Sokrates ist. Wie der Grieche ist er der Meinung, daß alles Erkennen, das nicht die Existenz betreffe, wesentlich zufälliges Erkennen, sein Grad und Umfang wesentlich gleichgültig sei. Das Werk Kierkegaards ist ein Selbstzeugnis, nicht, *was* er gedacht hat, ist wichtig, sondern *wie* er gedacht, geglaubt, gezweifelt, geliebt hat. Und weil es so ist, um der Leidenschaftlichkeit dieses Einzelnen willen, der nichts als ein Einzelner sein, der nicht verkünden, sondern nur bekennen wollte, ist sein *wie* so entscheidend geworden, daß wir von diesem ›wie etwas erkannt wurde‹ zu einem neuen ›was zu erkennen ist‹ gelangen. In der Welt der Einzelnen wird die Toleranz etwas Existentielles. Das scheint auf den ersten Blick paradox, denn das Denken Kierkegaards ist seinem Ansatz nach ein Angriff auf das

Denken Hegels, der gerade das bejaht, was Kierkegaard so leidenschaftlich verneint: die Identität der Wahrheit von Denken und Sein, um mit Kierkegaard zu reden.

Karl Barth hat das Festhalten an dieser Identität dahin interpretiert, daß sie sich auf die Identität von Gottvertrauen und Selbstvertrauen gründe, weshalb sich denn als Ergebnis eines solchen Denkens ein System, eine restlos aufgehende Abrechnung der Erkenntnis und Bilanz der Wahrheit herausstelle. Gegründet auf diese Identität könne und müsse Hegel sich geben als der Mann, der implizit alles wisse und alle vor seinen Richterstuhl zu ziehen bevollmächtigt sei. Und Karl Barth meint sogar, daß alles, was den besonderen Glanz und die besondere Würde der Theologie auszumachen scheine, in der Philosophie Hegels unverhältnismäßig viel besser aufgehoben und zu Ehren gebracht worden sei als in den Händen der Theologen selber (mit Ausnahme eines Thomas von Aquin vielleicht), weil die Theologie hier, versorgt und aufgehoben im Akt der Philosophie, nicht übertroffen sei, sondern sich selbst übertroffen habe.

Diese Worte zitiere ich nicht, um zu zeigen, wie ein großer Dialektiker einen anderen großen Dialektiker einschätzt, es geht mir darum, Kierkegaards einsames denkerisches Unternehmen zu charakterisieren. Kierkegaard greift Hegel nicht in Einzelheiten an, versucht nicht, von ihm auszugehen oder ihn umzudeuten, wie etwa Schopenhauer Kant. Für Kierkegaard ist Hegels Philosophie als solche eine Unmöglichkeit. Die Identität von Denken und Sein ist für ihn, was er vom objektiven Ich sagt: eine Übereinkunft in der Wolke, eine unfruchtbare Umarmung, und das Verhältnis des einzelnen Ich zu dieser Lufterscheinung sei niemals angegeben. Hegels Philosophie des sich verwirklichenden Denkens ist für Kierkegaard eine sinnlose Spekulation des phantastischen Denkens und nur insofern zu bekämpfen, als sie behauptet, objektive Wahrheit zu sein. Ja, wir müssen uns fragen, ob nicht Kierkegaards Angriff auf Hegel einen Angriff auf die Philosophie überhaupt darstelle. Denn welche Philosophie will es nicht mit der objektiven Wahrheit zu tun haben und – müssen wir hinzufügen – welche Theologie nicht? Denn diese muß, ob sie will oder nicht, die Bibel, das Wort Gottes oder auch die Tradition in irgendeiner Weise – und wenn auch noch so entmythologisiert – für etwas objektiv Wahres nehmen. Dann aber ist Kierkegaard von der Philosophie und von der Theologie entgegenzuhalten, ob nicht gerade der, welcher sich auf die Innerlichkeit zurückziehe, indem er kurzerhand jedes philosophische und theologische objektive Erkennen für unmöglich erkläre, der eigentlich Intolerante sei? Was soll, ist weiter zu fragen, denn das ganze Gerede von einer angeblichen existentiellen Toleranz? Ist diese nicht ebenso zusammengefaselt wie die angeblich subjektive Wahrheit, die höchstens Wahrhaftigkeit zu sein vermag, eine Wahrhaftigkeit, die auch dem verrückten Gedankengang eines Geisteskranken nicht abzusprechen ist; denn wahrhaftig, der nimmt seine Gedanken ja auch für wahr. Nun muß ich aber gestehen, daß es mein denkerisches Vermögen übersteigt, hier in diesem Kampfe Kierkegaards mit Hegel den objektiven Schiedsrichter zu spielen. Ich vermute nur, daß schon Kants Widerlegung des ontologischen Gottesbeweises – der aus dem Begriff Gottes auf dessen Existenz folgert – Hegel widerlegt, da doch einem Begriff keine einzige seiner Eigenschaften abhandenkommt, dadurch daß ihm das Dasein fehlt, so daß

Hegel, indem er seinem Denken ein Sein zuschreibt, um aus der Logik eine Metaphysik zu machen, jenem Kaufmanne gleicht, der – wie Kant ausführt –, um seinen Zustand zu verbessern, seinem Kassenbestand einige Nullen anhängt.

Doch wenn es mir auch scheint, daß Kierkegaard Hegel gegenüber im Recht ist, so ist doch Hegel als Sieger hervorgegangen. Seine Philosophie erwies sich als wirksamer als deren Widerlegung. Daß die wahre Gestalt, in welcher die Wahrheit existiere, allein das wissenschaftliche System derselben sein könne, ist ein allzu verführerischer Satz Hegels für alle Systeme, die auf ihn folgten und den gleichen Anspruch erhoben, für die politischen, philosophischen und für die theologischen Systeme. Hegel ist mehr als ein deutsches Pech. Denn wenn etwas einem solchen System widerspricht, ist es notwendigerweise für dieses System falsch. Und da jedes solche System allumfassend verstanden sein will, steht es wieder vor dem Problem der Toleranz in ihrer ursprünglichen Bedeutung, gesetzt, es stellt sich ihm überhaupt. Die politischen Systeme solcher Art kommen darum herum, Karl Barth nicht. Für ihn, den Christen, stellt die Tatsache, daß die Bibel als Zeugnis von Gottes Offenbarung in ihrer Menschlichkeit zugleich Zeugnis des jüdischen Geistes ist, die härteste Probe des christlichen Glaubens dar. Wenn Barth auch die Existenz des jüdischen Volkes als den einzig natürlichen Gottesbeweis betrachtet, den es gebe, muß er doch Israel als das Gottesvolk bezeichnen, das Gott verworfen hat. Jeder spätere Antisemitismus ist für Barth neben dieser Anklage unwesentlich. Es spricht für Barths Wahrhaftigkeit und Unverblasenheit, daß er so zu reden wagt, wie er als

Dogmatiker zu reden gezwungen ist, als Verkünder eines theologischen Systems, in welchem sich eben auch für ihn die wahre Gestalt manifestiert, in der die Wahrheit existiert. Folgerichtig kann denn für Barth der Christ nur durch die Gnade Gottes kein Antisemit sein. Diese Ansicht mag uns schockieren, aber das Ärgernis bleibt, daß nun einmal eine der Hauptwurzeln des Antisemitismus im Christentum liegt. Es ehrt Barth, daß er da deutlich geredet hat, und es ehrt jeden Juden, der von seinem Standpunkt ebenso deutlich redet. Aber wenn Barth der Meinung ist, die Schuld der Christenheit liege darin, daß es ihr bis auf den heutigen Tag nicht gelungen ist, Israel als Zeugen des erfüllten, alttestamentlichen Wort Gottes zu imponieren, denn die Kirche habe als Ganzes dem Juden im ganzen keinen in diesem Sinne überzeugenden Eindruck gemacht, und wenn er überlegt, ob nicht die Judenfrage erst am Ende aller Dinge gelöst werde, als eschatologische Auflösung dieses größten Rätsels, so ist Barths Toleranz wieder die Lessings: Wie in der Ringparabel wird erst in »tausend tausend Jahren« ein Richter entscheiden, welcher Ring der echte sei.

Demgegenüber argumentiert die existentielle Toleranz anders: Der Christ denkt vom Juden, ihm hat sich Gott anders offenbart als mir, vom Atheisten, ihm hat sich Gott verhüllt; und ein Atheist denkt vom Juden oder vom Christen, ihm leuchtet etwas ein, was mir nicht einleuchtet. Doch gerade hier, argumentieren wir so, stellt sich die Frage nach der Toleranz noch in einem neuen Sinne: Gilt die Toleranz nun auch im Bereiche der Politik?

Selbstverständlich kann ein überzeugter Antimarxist verstehen, daß einer ein überzeugter Marxist ist und umgekehrt. Aber gibt es auch eine existentielle Toleranz, wenn einer der beiden Macht besitzt? Gibt es eine Toleranz zwischen den Mächtigen und den Ohnmächtigen, und – wenn wir noch weiterfragen – zwischen den Besitzenden und den Nichtbesitzenden, oder welche gesellschaftlichen oder politischen Gegensätze wir auch annehmen, gibt es eine existentielle Toleranz zwischen diesen?

Zwar gibt es den Einzelnen, der seine Ohnmacht und seine Armut auf sich nimmt. Ja, die ungeheure Mehrzahl der Menschen akzeptiert noch immer ihre Ohnmacht oder ihre Armut dumpf oder hat schon wieder resigniert. Aber die Toleranz nun umzukehren, zu verlangen, daß etwa die Mächtigen die Ohnmächtigen tolerieren und die Besitzenden die Besitzlosen, hat etwas Anstößiges. Heißt das doch dann zu fordern, die Ohnmächtigen in ihrer Ohnmacht und die Besitzlosen in ihrer Armut zu belassen, es sei denn, die Mächtigen und die Besitzenden hätten die Einsicht, ihre Macht und ihren Besitz um der Ohnmächtigen oder der Besitzlosen willen aufzugeben. Doch gerade das dürfen diese von den Mächtigen und Besitzenden offenbar toleranterweise nicht verlangen, wenn es den Mächtigen und Besitzenden nicht einleuchtet. Und wie sollte es ihnen einleuchten?

An diesem Punkte heißt es kapitulieren oder weiterdenken. Kapituliert der Einzelne, toleriert er die Welt, wie sie ist, erträgt er sie; akzeptiert er sich als ihr Opfer, hin und her geschoben von den Verhältnissen, kommt er über die existentielle Toleranz nicht hinaus, sie wirft ihn auf sich selbst zurück. Er muß die politische Intoleranz tolerieren und all das, wogegen die Präambel ankämpft. Denkt er weiter, von sich aus zum Nächsten und von diesem zu dessen Nächstem und so fort, von seinem Gewissen getrieben, geht es ihm auf, daß der Einzelne –

und damit jeder Einzelne – existentiell ohnmächtig und existentiell besitzlos ist, weil Macht und Besitz dem Einzelnen – fallen sie ihm zu, sei es durch den Zufall der Geburt oder aufgrund irgendwelcher Fähigkeiten – ihm nur dank eines politischen und wirtschaftlichen Systems zufallen. Und welches politische System wäre nicht politisch und wirtschaftlich zugleich? Der Einzelne ist dann gezwungen, jedes System in Frage zu stellen, welches Einzelne privilegiert oder unterdrückt. Ja, er kommt erst dann zur Ruhe, wenn er ein gerechtes politisches System gefunden hat. Denn was der Einzelne zu erkennen vermag, ist das Ethische, die Gerechtigkeit, die sich auf das Verhältnis des Einzelnen zu den Einzelnen bezieht: Paradoxerweise muß er nun diese, wie Hegel den Geist, absolut setzen. Aber auch seine Innerlichkeit wird erst möglich, wenn er sich von der Sorge um die anderen Einzelnen in der Weise freizumachen vermag, daß ihm die Gesellschaftsordnung gleichgültig wird, weil sie gerecht geworden ist und damit etwas bloß Notwendiges, das nicht Existentielles bedroht. Da aber der Einzelne die Gewißheit, die Welt sei gerecht, nie haben kann – eliminiert er nicht die anderen aus seinem Gewissen –, wird er zum Paradox. Er wird zum Rebell, dessen einzige Macht seine Ohnmacht ist. Denn im Augenblick, wo der Einzelne zur Macht greift, ist er nicht mehr ein Einzelner, sein Recht auf Rebellion ist aufgehoben, denn Macht ist nur innerhalb eines Systems möglich. Der Einzelne protestiert gegen die Welt, aber er kommt nicht über den Protest hinaus, er ist als Einzelner ein Protest. Will er mehr sein als ein Protest, will er statt Rebellion Revolution, muß er der Macht Macht, einem System ein anderes System entgegensetzen.

Damit aber sind wir von Kierkegaard auf Marx gestoßen und dessen Anliegen: dem Menschen, dem Einzelnen die Freiheit zu ermöglichen, ihn aus dem Reich der Notwendigkeit ins Reich der Freiheit zu führen. Zurückgestoßen eigentlich. Zwar griff wie Kierkegaard auch Marx Hegel an, er stellte ihn auf den Kopf, indem er ihn, wie er meinte, auf die Beine stellte. Aber wenn er auch damit die wirkungsvollste politische Waffe schuf, die je erfunden wurde, so kam er doch nicht weiter, denn auch er mußte, indem er Hegels Logik übernahm, in seinem System die wahre Gestalt erblicken, in welcher die Wahrheit existiert. Zwar ging er von der Idee aus, das freie Individuum zu verwirklichen, und schritt nicht wie Hegel vom Individuum zur Idee, zum absoluten Geist, aber der Nabel blieb an seinem Platz, weil Marx Hegel bloß auf den Kopf stellte. Der objektive Geist, der Staat bei Hegel, die Partei bei Marx, die Diktatur des Proletariats sind identisch. Ja, die Marxisten, die an der Macht sind, stellten längst Marx nun ihrerseits auf den Kopf. Und so steht der alte Hegelsche Polizeistaat wieder da, nur unvorstellbar mächtiger als in Hegels Preußen.

Der Grund ist leicht einzusehen: Weil das ganze System mit dem Anspruch belastet ist, wahr zu sein, muß auch die Idee, von der es ausgeht, zur wahren Idee werden, zur Ideologie, zur einzig wahren Kirche, aus der sich – ob man es nun will oder nicht –, weil es kein Weiterschreiten mehr gibt, der einzig wahre Staat herauskristallisiert. Das Ziel, die Freiheit des Einzelnen, wird illusorisch. Nur damit ist die stupide Intoleranz dieser Gebilde zu erklären. Sie fassen die politische Toleranz wie Lessing die religiöse auf: als Koexistenz verschiedener politischer Richtungen nebeneinander, doch nicht wie Lessing auch ineinander. Wehe, wenn in ihren Reihen jemand die Bürgerrechte fordert, die sie in Helsinki bestätigt haben. Was sie bestätigten, ist ihrer Meinung nach, daß wir die Menschenrechte nach unserer Überzeugung und sie die ihren gemäß ihrer Ideologie haben dürfen. Nicht die Menschenrechte gelten, nur deren Auslegung gilt; somit werden sie relativ. Aber das Recht auf Opposition ist ein existentielles Recht des Einzelnen. Es ist absurd, ihn der Intoleranz einem intoleranten politischen System gegenüber zu bezichtigen und ihn gewaltsam in die Position des Einzelnen zu zwingen: in die des Ausgestoßenen. Denn die Position des Einzelnen ist eine Position der Freiheit, nicht des Zwanges. Daß es auch eine Freiheit des Gefangenen gibt, darf nur ein Gefangener von sich sagen. Im Munde eines Gefangenenwärters ist dieser Satz eine Blasphemie.

Aber das alles darf uns das Anliegen eines Karl Marx nicht vergessen lassen: Die Freiheit des Einzelnen kann nur die Freiheit aller sein. Auch unser politisches System sollte dieses Anliegen haben. Es hat es oft nur dem Scheine nach. Von einer wirtschaftlichen Demokratie wollen wir nichts wissen. Die Mitbestimmung wird a priori für unmöglich erklärt. Die Freiheit des Geistes, im Osten unterdrückt, weil man an die Wahrheit eines Systems glaubt, lassen wir nur zu, um die Wahrheit unseres Systems zu beweisen. Die Freiheit, für den Osten ein Ärgernis, ist für den Westen ein Alibi; das ist überspitzt, aber die Gegenwart spitzte es zu.

Was ist zu tun? Welche Schlüsse haben wir als Einzelne politisch zu ziehen? Vor allem wohl, daß uns ein neues Zeitalter der Aufklärung nottut, daß wir aus unseren politischen Systemen den Anspruch auf Wahrheit, auf

Gerechtigkeit und Freiheit fallen lassen und ihn durch das Suchen nach Wahrheit, nach Gerechtigkeit und nach Freiheit zu ersetzen haben, durch die Vernunft. Wir müssen unsere politischen Systeme danach prüfen, wie vernünftig sie sind. Ich bin nicht so sicher, daß wir dabei besser abschneiden als der Osten. Dessen Vernunft besteht darin, daß er ein falsches Prinzip für die Wahrheit hält und es stur durchführt, unsere Unvernunft, daß wir die Vernunft stur unvernünftig anwenden. Was aber ist die Vernunft, nicht als Wahrheit begriffen, sondern als ein Suchen nach Wahrheit, nach Gerechtigkeit und nach Freiheit?

Hegel ist nicht nur durch Kierkegaard widerlegt worden, sondern auch durch die moderne Wissenschaft, dadurch, daß sie zu etwas gelangte, das Hegel nicht erreichte, obgleich er glaubte, es erreicht zu haben: zu objektiven Erkenntnissen. Und zu diesen Erkenntnissen gelangte die Wissenschaft, weil ihre Logik nicht jene Hegels ist. Dieser schließt die Philosophie ab. Er ist ihr formaler Höhepunkt, aber nicht ihr wesentlicher. Seine Logik ist für das wissenschaftliche Denken belanglos. Der Satz Maos, daß allen Dingen Widersprüche innewohnen und daß diese es seien, die die Bewegung und Entwicklung dieser Dinge ausmachen, könnte auch von Marx oder Hegel sein. Wissenschaftlich ist er Unsinn. Die Widersprüchlichkeit in den Dingen liegt darin, wie sie ein Mensch begreift. Die ptolemäische und die kopernikanische Interpretation des Sonnensystems stellen nicht Widersprüchlichkeiten des Sonnensystems dar, sondern eine falsche und eine richtigere Auffassung desselben. Die Logik der Wissenschaft führt durch die Beseitigung von Fehlern zur objektiven Erkenntnis, zum

Fortschritt. Bei Hegel entsteht die Wahrheit mechanisch, infolge einer Art Technik, mit der sich der Geist verwirklicht. Eine Wahrheit bringt eine andere hervor, die zu der vorhergehenden im Widerspruch steht. Aber der Widerspruch stört nicht, beide sind gleich wahr, weil jede Zeit ihren Zeitgeist besitzt, der seiner Zeit ihre Wahrheit produziert, bis der Prozeß gekrönt wird vom System der widerspruchsfreien absoluten Wahrheit des absoluten Geistes: im Hegelschen System für Hegel, in der klassenlosen Gesellschaft für Marx. Diese Logik ist jene eines absoluten Geistes, inkarniert in den Ablauf der Geschichte. Dagegen ist die Logik der Wissenschaft jene des schöpferischen Menschen. Die Hegelsche Logik ist unbeweisbar, die wissenschaftliche Logik führt zu Beweisen, die sich bestätigen oder widerlegen lassen. Doch gerade deshalb ist es unvernünftig, nun auch das noch wegzuwerfen, was bei Marx dem Urteil der wissenschaftlichen Logik standhält: die Erkenntnis von Techniken, die den Menschen ausbeuten. Wie das gemacht wird, ist auch wichtig zu wissen. Man lasse Marx' System fahren und brauche seine wissenschaftlichen Erkenntnisse. Es gibt auch eine vernünftige Toleranz: Die Vernunft toleriert Vernünftiges. Nur hat es hier fast keinen Sinn mehr, von Toleranz zu sprechen. Sie wird zur Selbstverständlichkeit.

Stellen wir aber unsere Politik unter die so verstandene Vernunft, unter eine Vernunft, die es wagt, die Fehler auszumerzen, die sie beging, die Fehler, die zu weltanschaulichem Fanatismus, religiöser Intoleranz, Rassendiskriminierung, sozialer Unterdrückung und politischer Unduldsamkeit führten, verwandeln sich auch unsere Staaten aus den mythischen Gebilden, die sie immer mehr werden, in die Institutionen, die sie sein sollten, aber in immer verbesserungsfähigere, die sie nur sein können, wenn sie stets kritisierbar, überprüfbar und veränderbar sind, damit sie Gebilde werden, denen gegenüber wir tolerant sein dürfen – im aktiven Sinn freilich –, damit wir sie dulden können. Ich weiß, wir frösteln, wenn wir von Institutionen hören. Wenn aber die Wissenschaft ein grandioses Abenteuer des Geistes ist, das nicht auf die Entdeckung absolut sicherer Theorien ausgeht, sondern auf die Erfindung immer besserer Theorien, die immer strengeren Prüfungen unterworfen werden können, wie Karl Popper meint, so sollten wir dieses Abenteuer auch für unsere Institutionen entdecken und es auf sie anwenden, indem wir sie immer gerechter und vernünftiger machen, indem wir in ihnen nicht Zwangssysteme sehen, sondern Kunstwerke, die für den Menschen da sind, nicht der Mensch für sie.

Unter solchen Umständen wäre nicht nur die Präambel des Deutschen Koordinierungsrates weitaus besser zu verwirklichen, sondern auch die Existenz des Staates Israel endlich zu garantieren. Ja, auch die Existenz eines palästinensischen Staates wäre möglich. Mit zwei Befürchtungen freilich. Die Geschichte der Menschheit ist nicht eine ununterbrochene Vorwärtsentwicklung aus dem Reich der Notwendigkeit ins Reich der Freiheit, sondern sie schreitet ins Reich der immer größeren Notwendigkeit. Die ständig anwachsende Menschheit gerät unter das Gesetz der großen Zahl. Dieses Gesetz ist ehern: Es wird die Menschheit ärmer machen. Freiheiten und Privilegien, die wir heute noch für unantastbar halten, wird dieses Gesetz aufheben, besteht es doch darin, daß im politischen, wirtschaftlichen, ja technischen Bereich das Suchen nach der Gerechtigkeit vor dem Suchen nach Freiheit kommen muß. Eine Menschheit wird denkbar, für die es nur noch eine Freiheit gibt: die geistige. Der Einzelne Kierkegaards, der innerliche Mensch, wird dann identisch mit dem freien Menschen, wie ihn Marx versteht. Doch diese Welt muß ohne Toleranz zur Hölle werden. Ja, auch mit dieser Toleranz – hat sich die Politik einmal so abgespielt und ausgespielt – kann der Mensch nur überleben, wenn er den inneren Reichtum besitzt, sich selber und den Nächsten zu ertragen. Der Krieg ist leichter auszuhalten als der Friede. Der vom Gesetz der großen Zahl erzwungene Friede wird am schwersten zu bestehen sein. Eigentlich hätte ich davon reden müssen, von der Weisheit, mit sich selber und dem Nächsten in Frieden zu leben, von dieser höchsten Toleranz. Aber davon kann ich nicht reden. Nicht nur, weil mir diese Weisheit in vielem abgeht, sondern weil sich nur über Selbstverständlichkeiten reden läßt. Das Selbstverständlichste aber ist die Vernunft, reden wir vom Menschen, und nur von ihm läßt sich reden. Doch gerade hier wird es wieder schwierig, wenn auch nicht unmöglich, wird die Vernunft doch immer mit dem gesunden Menschenverstand verwechselt, von dem die Tiere so weitaus mehr besitzen und der es so trefflich versteht, beim Menschen die Vernunft unverständig einzusetzen.

So befürchte ich denn ein Letztes: Daß nämlich das Samenkorn der Vernunft längst Früchte getragen hat, aber verdorbene, da es auf schlechten Boden fiel; daß die Staaten zu gewaltigen Institutionen geworden, als solche erstarrt sind, die ihren Boden längst asphaltiert haben, damit kein neues Samenkorn in ihm gedeihe, und die nun – toten Kirchen gleich – mit einem unermeßlichen Klerus versehen sind, der sich gleichzeitig als Regierung und Opposition tarnt, oder als allmächtige Partei; daß es bei allen Kämpfen nicht um eine Verbesserung dieser Gebilde geht, sondern um persönliche Machtkämpfe; daß die Praktikanten der Macht, um sich und ihre Kämpfe abzusichern, diese öden Kathedralen wieder unter Glockengetön mit dem Glauben zu berechtigen suchen, die Institutionen seien Vaterländer, aber nicht mit einem guten Glauben, sondern mit dem fürchterlichsten: mit der Furcht vor einem möglichen inneren und äußeren Feind. Wer aber Furcht sät, erntet Waffen. Nicht nur ein gutes, auch ein tödliches Geschäft. Und so starrt denn die Welt vor Waffen. Dieser Welt sind wir ausgeliefert, Gläubige und Ungläubige, alle Völker, der Staat Israel und alle Staaten. Denn das Schreckliche an der Furcht ist, daß sie eine Wirklichkeit erzeugt, die jene nachträglich berechtigt. Sich in dieser Welt nicht zu fürchten, ist vielleicht *die* Botschaft, die uns nicht die Vernunft, sondern nur jene geheimnisvolle Fähigkeit des Menschen geben kann, die wir – etwas verlegen – Glauben nennen.

Meine Damen und Herren, ich danke den im Deutschen Koordinierungsrat zusammengefaßten Gesellschaften für die Buber-Rosenzweig-Medaille. Sie zwang mich, über die Präambel des Koordinierungsrates nachzudenken. Daß die Rede so lang ausfiel, tut mir leid. Aber es ist wohl so, daß Sie nicht ganz ungestraft davonkommen, wenn Sie mir schon eine Medaille überreichen. Wagte ich doch diese Rede nur, weil ich so gar nicht ein Denker, sondern ein Drauflosdenker bin. Sie sind es, die mich auf sich losgelassen haben.

Albert Einstein

Ein Vortrag
1979 [1978/79]

»Habe ich wirklich geirrt, so trage ich meinen Irrtum selbst.«
Hiob 19,4

Meine Damen und Herren,
der Grund, weshalb ich die Einladung der Eidgenössischen Technischen Hochschule angenommen habe, einen Vortrag über Einstein zu halten, liegt darin, daß heute die Mathematik, die Naturwissenschaften und die Philosophie derart ineinander verflochten sind, daß sich auch Laien mit diesem gordischen Knoten befassen müssen. Denn überlassen wir die Physiker, die Mathematiker und die Philosophen sich selber, treiben wir sie endgültig in die Ghettos ihrer Fachgebiete zurück, wo sie hilflos und unbemerkt den Raubzügen der Techniker und der Ideologen ausgeliefert sind; Raubzüge, die immer stattfanden und immer wieder stattfinden. Ich werde darum, auch auf die Gefahr hin, daß meine Rede nicht nur für Nichtphysiker, sondern auch für Physiker schwer verständlich wird, unerbittlich als Laie reden. Ich werde nicht zuerst ausführen, was ich zu sagen gedenke, um dann noch zu reden, was ich schon ausgeführt habe; auch werde ich gewisse Begriffe wie etwa ›Determinismus‹ oder ›Kausali-

tät‹ so gebrauchen, wie ich sie benötige, um einen Gegensatz herauszuarbeiten, ohne mich allzusehr darum zu kümmern, wie die Fachwelt sie gerade gebraucht; und wenn ich öfters von Gott reden werde, so nicht aus theologischen, sondern aus physikalischen Gründen; Einstein pflegte so oft von Gott zu reden, daß ich beinahe vermute, er sei ein verkappter Theologe gewesen. Den Grund hingegen, weshalb die Eidgenössische Technische Hochschule mich einlud, einen Vortrag über Einstein zu halten, vermag ich nur zu vermuten: ist doch die Frage nach dem ›*Warum* man von *mir* diesen Vortrag wünscht‹ offenbar verknüpft mit der Frage, *wie* ich ihn zu halten habe. Denn angenommen, ich wäre eingeladen, öffentlich mit einem Großmeister, sagen wir mit Fischer oder mit Spasskij, Schach zu spielen, wäre es für mich offensichtlich sinnlos, Fachbücher zu studieren, Eröffnungen zu büffeln, die Aljechin-Verteidigung, das Falkbeer-Gambit, den Sizilianischen Angriff usw., aus dem einfachen Grunde, weil die Veranstalter nicht mich, sondern den Großmeister beim Schachspielen beobachten möchten. Ich wäre nur der Köder. Gerade an meiner Unzulänglichkeit würde sich sein Spiel am deutlichsten offenbaren, die Einfachheit und die Eleganz, mit der er mich schachmatt setzte usw. Das *Wie* läge beim Großmeister, ich hätte nur das eine zu tun: mich an die Regeln des Schachspiels zu halten. Daß der Großmeister sich daran hält, ist ja gewiß, sonst wäre er kein Großmeister. Ich müßte daher keine Schachtheorien studieren; was ich einzuhalten hätte, wäre nichts als ein gewisses Normalmaß an Vernunft, um nicht kurz nach der Eröffnung des Spiels ein Torenmatt zu begehen – was nicht etwa eine Anspielung auf meinen Namen darstellt, sondern eine bestimmte törichte Spielweise, die einen nach wenigen Zügen schachmatt setzt. Allein mit Vernunft läßt sich dem Großmeister die Methode entlocken, nach der er vorzugehen pflegt, läßt sich sein Spiel analysieren. Genauso habe ich nun gegen Einstein anzutreten, im Vertrauen darauf, daß er und ich den gleichen Spielregeln unterworfen sind, jenen der Vernunft. Die Partie ist zwar ungleich, aber sinnvoll. Einstein ist nicht etwas Kompliziertes, sondern etwas Komplexes, etwas unerhört Einheitliches; es gibt keine Äußerung Einsteins, die nicht auf die Einheitlichkeit seines Denkens zielt; so kann ich – scheinbar willkürlich – sein denkerisches Schicksal dadurch zeichnen, daß er als Kind irreligiöser jüdischer Eltern bis zum zwölften Lebensjahr religiös war, dann, auch durch die Lektüre Kants, seinen Glauben verlor, um sich später als Physiker zum Gott Spinozas zu bekennen; ferner, daß er die Mathematik zuerst bis zu einem gewissen Grad vernachlässigte, um später immer mehr Mathematik zu fordern. Diese Fakten stellen in der Partie, die ich gegen Einstein spiele, die ersten Züge dar, die mir an seiner Spielweise auffallen. Einem mathematisch geschulten Spieler würden vielleicht andere Eigentümlichkeiten wichtiger sein, etwa die Begeisterung des Elfjährigen für Euklid, einem Physiker der Eindruck, den eine Kompaßnadel auf den Knaben machte, einem Philosophen der Satz aus Einsteins Schrift *Autobiographisches*, das Wesentliche im Dasein eines Menschen seiner Art liege in dem, was er denke und wie er denke, nicht in dem, was er tue oder erleide; Eigentümlichkeiten, die für Einstein bezeichnender zu sein scheinen als etwa sein Bekenntnis zum Gott Spinozas. Stellen wir uns jedoch das Weltgeschehen als ein Schachspiel vor, so sind zuerst zwei Partien denkbar, eine deterministische und eine kausale. Beim deterministischen Schachspiel sitzen sich zwei vollkommene Schachspieler gegenüber, zwei starre und sture Göttergötzen der Urwelt etwa, Ormuzd und Ahriman meinetwegen, oder das gute und das schlechte Prinzip oder der alte und der neue Zeitgeist oder die alte und die neue Klasse oder zwei vollkommene Computer usw., die miteinander kämpfen. Die Menschen sind die Schachfiguren. Diese sind in dieser Partie determiniert, Folgerungen der außermenschlichen Schachüberlegungen; ob die Menschen Gutes oder Schlechtes vollbringen, ist gleichgültig, sie sind, ob weiße oder schwarze Figuren, von den gleichen Gesetzen bestimmt: von den Regeln des Schachspiels.[1] Die manichäischen Religionen sind symmetrische Konzeptionen, das Gute und das Böse sind im Gleichgewicht; zwei vollkommene Schachspieler vermögen sich nicht zu besiegen, sie verharren in ewigem Patt, in ewiger Koexistenz, Siege sind nur Scheinsiege. Die Welt ist durch Prädestination determiniert, statt des Chaos' herrscht eine unbarmherzige Ordnung. Bei der kausalen Partie dagegen spielen die Schachfiguren selber, sie sind die Ursachen ihrer Wirkungen, ihre guten Züge sind die ihren, ihre Fehler sind die ihren. Die zwei vollkommenen Schachspieler fallen in einen Schachspieler zusammen, der die Partie nicht mehr spielt, sondern begutachtet, genauer, er spielt sie auf eine delikatere Weise als die beiden Spieler des deterministischen Schachs: er führt die Partie als Schiedsrichter. Als solcher ist er nicht unbedingt gerecht, die Welt ist eine abgefallene Welt, das Chaos ist größer als die Ordnung. Daß das Spiel nicht abgebrochen und weggeräumt wird, hängt allein von der Gnade und der Barmherzigkeit des

Schiedsrichters ab. Gnädig und barmherzig kann jedoch kein Prinzip sein, sondern nur eine Person. Das Judentum und die daraus hervorgegangenen Religionen sind daher an einen persönlichen Gott gebunden.[2] Mit dem Aufkommen der Naturwissenschaft wird das Turnier komplizierter: Der persönliche Gott läßt gleichzeitig auf zwei Brettern spielen, auf dem Brett des Geistes und auf dem Brett der Natur, auf dem Brett der Freiheit und auf dem Brett der Naturnotwendigkeit. Auf dem Brett des Geistes steht es wie bisher einer jeden Figur frei, welche Züge gemäß den Regeln des Schachspiels sie machen will; ein schlechter Spieler ist auch ein schlechter Mensch, und Gott bleibt sein Schiedsrichter, eine jede Figur muß die Wirkung ihrer Handlung tragen, das Spiel ist *in* sich kausal, während auf dem Spielbrett der Natur die Figuren zwangsläufig spielen, da die Regeln, durch die sie bestimmt werden, mit den Naturgesetzen gegeben sind. Auf diesem Schachbrett ist das Spiel *an* sich kausal, Gott könnte das Spiel laufen lassen – er setzte es eigentlich nur in Gang –, doch offenbar nicht für immer: vermochte sich doch ein theologischer Denker das gewaltige Schachspiel nicht ohne einen Gott vorzustellen, der hin und wieder eingreift, indem er etwa die Unregelmäßigkeiten im Sonnensystem periodisch persönlich korrigiert oder hin und wieder die Energie erneuert, um das Umherschieben der Figuren nicht zum Stillstand kommen zu lassen. Dieser theologische Denker, der auch noch Alchimie und Astrologie betrieb, ist weitaus berühmter als Physiker und Mathematiker, er heißt Isaac Newton. Gottfried Wilhelm Leibniz, auch er ein großer Mathematiker, traute Gott gar die prästabilierte Harmonie zu, mit deren Hilfe der Allmächtige die beiden

Schachspiele, jenes des Geistes und jenes der Natur – weil der Mensch ja Geist und Natur ist – vor der Schöpfung koordinierte und synchronisierte; ein verzweifelter Versuch, das Dilemma zu vermeiden, in welches der persönliche Gott zunehmend mit dem Begriff geriet, den man sich von ihm machte: als allwissend, allbarmherzig, allmächtig wurde er immer abstrakter, doch je allmächtiger, allbarmherziger, allwissender, prinzipieller er wurde, desto unbegreiflicher mußte es sein, daß er das Böse überhaupt zuließ. Das Problem, weshalb die Welt nicht vollkommen ist, verschärfte sich, einerseits herrschten in der Natur die Gesetze, anderseits brach vom freien Geiste her immer wieder das Chaos in die Welt.[3] Vor diesem Hintergrund ist Spinoza zu begreifen: er lehnte den Gott seines Volkes ab. Er gab den jüdischen Glauben auf und nahm keinen anderen an. Er schuf sich eine Idee Gottes, die eine neue Weltkonzeption darstellt. War Gott gleichzeitig geoffenbart und beweisbar, ist er bei Spinoza eine aus Axiomen gefolgerte Gedankenkonstruktion, der mit dem Begriff der Notwendigkeit eine ontologische Evidenz zugesprochen wird.[4] Spinoza schließt vom Begriff auf das Sein. Der logisch begründete Gott existiert und ist unmittelbar gewiß. Die Attribute, die Spinoza ihm zuschreibt, das Denken und die Ausdehnung, sind die Aspekte Gottes, die für den Verstand begreifbar sind, aber sie treffen nur für Gott zu: seine Ausdehnung ist unendlich, sonst wäre sie teilbar, er ist nicht ableitbar, sonst wäre er mittelbar. Teilbarkeit und Ableitbarkeit kommen nur den Modi seiner göttlichen Attribute zu. Im allgemeinen glaubt man, die geometrische Methode, die Spinoza in seiner Philosophie anwandte, habe nur einen formalen Sinn; er stellte Axiome auf, und aus den Axiomen formte er Lehrsätze. Aber man übersieht, daß ihm durch seine geometrische Methode weit mehr gelang: der Gegensatz Gut – Böse wurde überwunden. Der Gott Spinozas braucht keine Theodizee. Für diesen Gott gibt es weder das Gute noch das Böse. Gäbe es für ihn diesen Gegensatz, wäre er wieder persönlich. Beim Menschen gilt das gleiche, gut und böse sind Attribute – und als solche vom Wesen sowenig zu trennen wie die Dreieckseigenschaften vom Dreieck. Spinozas Welt ist mit Begriffen konstruiert, sie ist syntaktisch die begreifbarste aller erdachten Welten und nur in ihrem Sein unbegreiflich, denn das Axiom Gott ist nur insofern der Grund dieser begreifbaren Welt, als diese Welt zu seinem Sein gehört, wie zum Wesen des Dreiecks seine Eigenschaften gehören. Diesem Gott schreibt Spinoza eine deterministische, nicht eine kausale Welt zu: Nur in einer kausalen Welt ist es sinnvoll, von einer Wirkung auf die Ursache zu schließen; in einer deterministischen, in einer rein geometrischen Welt etwa, wäre die Behauptung, das rechtwinklige Dreieck sei die Ursache des pythagoreischen Lehrsatzes, Unsinn. Darum lehnt es Spinoza ab, von einer Schöpfung und einem Schöpfer zu reden. Auch gibt es keine Willensfreiheit; als Modus der zwei göttlichen Attribute, als eine vergängliche Spielart derselben, ist der Mensch determiniert. Ein Mensch, der sich einbildet, er sei frei, gleicht einem Stein, der zur Erde fällt und glaubt, er *wolle* zur Erde fallen. Aber Spinoza war kein Fatalist. Wenn er auch dem Menschen keinen freien Willen zubilligte, so doch das Erkenntnisvermögen: Für den denkenden Menschen ist Gott das Gewisseste, das einzige, woran nicht zu zweifeln ist; gut ist der Wissende, schlecht der Unwissende, böses Handeln ist falsches, gutes Handeln ist richtiges Handeln, das Böse ist ebenso unrichtig wie eine falsche geometrische Lösung. Ein solches Denken hat seine Konsequenz: Wir haben uns nun einen Gott vorzustellen, der nicht nur gegen sich selber Schach spielt, sondern auch selber das Schachspiel ist, Spielregeln und Spielfeld in einem. Studiert man die Spielzüge, studiert man auch diesen Gott; etwas anderes als der Determinismus des Spiels ist nicht auszumachen, über den Spieler gibt es keine Aussage. Um so nachdenklicher muß es uns daher stimmen, wenn Einstein 1929 auf die Frage einer Depeschenagentur, ob er an Gott glaube, antwortete, er glaube an Spinozas Gott, der sich in der gesetzlichen Harmonie des Seienden offenbare, nicht an einen Gott, der sich mit den Schicksalen und Handlungen der Menschen abgebe. 1932 aufgefordert, über Spinoza zu schreiben, lehnte es Einstein mit der Begründung ab, daß niemand dieser Aufgabe gerecht werden könne, da sie nicht nur Sachkenntnis, sondern auch ungewöhnliche Lauterkeit, Seelengröße und Bescheidenheit erfordere. Spinoza sei der erste gewesen, fügte er bei, der den Gedanken der deterministischen Gebundenheit allen Geschehens konsequent auf das menschliche Denken, Fühlen und Handeln angewendet habe. Und in einem Brief aus dem Jahre 1946 schrieb er: »Spinoza ist einer der tiefsten und reinsten Menschen, welche unser jüdisches Volk hervorgebracht hat.« 1947 führte er aus, die Idee eines persönlichen Gottes sei ein anthropologisches Konzept, das er nicht ernst nehmen könne. Er sei auch nicht fähig, sich einen Willen oder ein Ziel außerhalb der menschlichen Sphäre vorzustellen. Seine Überzeugungen seien denjenigen Spinozas verwandt: Bewunderung für die Schönheit und Glaube an die logische Einfachheit der

Ordnung und der Harmonie, welche wir demütig und nur unvollkommen erfassen könnten. Ich sehe nicht ein, warum wir diese Äußerungen Einsteins weniger wichtig als seine physikalischen Erkenntnisse nehmen sollten, weist doch auch seine zweite Eigentümlichkeit, die mir gleich zu Beginn meiner imaginären Schachpartie mit ihm auffiel, indirekt darauf hin, wie wesentlich sein Denken mit jenem Spinozas in Zusammenhang gebracht werden muß: Einsteins schwankendes Verhältnis zur Mathematik. Wenn Spinoza glaubte, Denken und Ausdehnung seien zwei Attribute Gottes, die dem menschlichen Verstande zwar zugänglich, die aber Gott nicht zu umfassen vermöchten, weil Gott noch unendlich viele Attribute besäße, die für den Menschen unerkennbar blieben, so ist dieser Gott Spinozas – den er ja auch die ›Substanz‹ nennt, wobei er freilich an nichts Materielles denkt – durchaus mit dem ›Ding an sich‹ Kants verwandt, worunter ja Kant das Objekt an sich versteht. Nun war es aber gerade Kants Ansicht, daß nicht die Dinge an sich, sondern nur deren Erscheinung erkennbar wäre. Auch neigen wir dazu, Denken und Ausdehnung, die für Spinoza die beiden uns bekannten Attribute Gottes sind, anders zu interpretieren: Wer Ausdehnung setzt, setzt Materie und Raum voraus, wer Denken setzt, setzt Zeit voraus, denn außerhalb der Zeit fände auch kein Denken statt.[5] Zeit und Raum jedoch sind vor allem für zwei Denker wichtig, für Kant und für Einstein. Damit muß ich mich in meinem Vortrag, den ich so einfach wie möglich halten wollte, gleich mit zwei der wohl schwierigsten Denker befassen; wobei ich nicht weiß, welchen von beiden ich besser mißverstehe. Auf unser Schachspielgleichnis bezogen: Ich muß mich nun plötzlich nicht mit Fischer oder Spasskij, sondern mit Fischer und Spasskij messen. Wenn bei Kant Sinnlichkeit und Verstand die beiden Stämme unserer Erkenntnis darstellen, die vielleicht der gleichen Wurzel entspringen, so stellen Raum und Zeit die notwendigen Formen unserer sinnlichen Anschauung dar, das apriorische Material, das dem Verstand ermöglicht, mit Hilfe seiner apriorischen Denkformen die Mathematik zu konstruieren und physikalische Zusammenhänge zu erkennen. Kant ersetzt die Metaphysik durch die Mathematik und durch die Physik. Für Kant ist der Schluß der Metaphysiker, vom Denken auf ein Sein, das hinter der Erfahrung liegt, unmöglich: Gott ist unbeweisbar. Demgegenüber ist die Mathematik möglich, indem sie nur sich ausdrückt, sie ist eine apriorische Begriffskonstruktion, die nur eine innere Widerspruchsfreiheit erfordert[6]; und die Möglichkeit der Physik liegt darin begründet, daß der Verstand der Natur die Gesetze vorschreibt. Die Natur erscheint in unserem Denken. Insofern aber die Verstandesgesetze apriorisch mathematisch sind, erscheinen die empirischen Naturgesetze auch zwangsläufig in der apriorischen Mathematik. Kants Physik ist eine Physik der Erscheinung, wobei auch Raum und Zeit Erscheinungen sind, Grundstrukturen der Anschauung, gleichsam Erscheinungen hinter den Erscheinungen. So ist denn auch das Spiel – auf unsere Schachparabel bezogen – nicht das Spiel, sondern die Erscheinung des Spiels. Kant interessiert sich nicht dafür, ob es einen vollkommenen Schachspieler gibt, der die Partie spielt, oder einen vollkommenen Schiedsrichter, der die Partie leitet, ob die wirkliche Partie deterministisch oder kausal gespielt wird, darüber ist denkerisch nichts auszumachen, auch nicht, ob wirklich die Regeln streng eingehalten werden, oder ob es uns nur scheint, daß sie streng eingehalten werden (sie erscheinen deterministisch kausal, könnte paradox formuliert werden), oder ob das Spielfeld unendlich ist oder nicht, ob das Spiel einen Anfang genommen hat oder ob es seit jeher gespielt wurde, ob es auf ein Schachmatt hinausgeht oder auf ein Patt. Der Verstand, im Bestreben, diese Frage zu lösen, stößt auf Antinomien. Im übrigen sind die Schachregeln nicht durch das Spiel gegeben, sondern durch unseren Verstand gesetzt, es ist auch kein anderes Spielfeld denkbar, oder – wie wir vielleicht genauer sagen müssen – es bestanden zu Zeiten Kants keine Anhaltspunkte, ein anderes Spielfeld zu denken – wenn auch die Gleichsetzung des absoluten Raumes Newtons, der ›an sich‹ ist, mit dem apriorischen Raum Kants etwas Problematisches hat. Überhaupt sollte man Kant nicht so sehr nach seinen Erkenntnissen, sondern nach seinen Ahnungen beurteilen; jedes Bewiesene widerlegt einmal die Zeit, nur die Ahnungen bleiben. Der Unterschied zwischen Kant und Einstein besteht nicht darin, daß der eine einen euklidischen und der andere einen nicht-euklidischen Raum annahm, sondern vor allem in der Beziehung, die sie zwischen der Mathematik und der Wirklichkeit herstellten. In seiner Schrift *Autobiographisches* schreibt Einstein sein erkenntnistheoretisches Credo nieder: »Ich sehe«, beginnt er, »auf der einen Seite die Gesamtheit der Begriffe und Sätze, die in den Büchern niedergelegt sind. Die Beziehungen zwischen den Begriffen und Sätzen untereinander sind logischer Art, und das Geschäft des logischen Denkens ist strikte beschränkt auf die Herstellung der Verbindung zwischen Begriffen und Sätzen untereinander nach festgesetzten Regeln, mit denen sich die Logik beschäftigt.« Die Begriffe und Sätze, fährt er dann dem Sinne nach fort, erhielten ihren Inhalt nur durch ihre Beziehung zu den Sinnen-Erlebnissen. Die Verbindung dieser Sinnen-Erlebnisse zu den durch die Regeln der Logik verbundenen Begriffen und Sätzen sei rein intuitiv, nicht selbst logischer Natur. Der Grad der Sicherheit, mit der diese intuitive Verknüpfung vorgenommen werden könne, und nichts anderes unterscheide die leere Phantasterei von der wissenschaftlichen ›Wahrheit‹. Er fährt dann wörtlich fort: »Das Begriffssystem ist eine Schöpfung des Menschen, samt den syntaktischen Regeln, welche die Struktur der Begriffssysteme ausmachen. Die Begriffssysteme sind zwar an sich logisch gänzlich willkürlich, aber gebunden durch das Ziel, eine möglichst sichere intuitive und vollständige Zuordnung zu der Gesamtheit der Sinnen-Erlebnisse zuzulassen; zweitens erstreben sie möglichste Sparsamkeit in bezug auf ihre logisch unabhängigen Elemente, auf die Grundbegriffe und Axiome, das heißt auf die nicht definierten Begriffe und nicht erschlossenen Sätze. Ein Satz ist richtig, wenn er innerhalb eines logischen Systems nach den acceptierten logischen Regeln abgeleitet ist. Ein System hat Wahrheitsgehalt entsprechend der Sicherheit und Vollständigkeit seiner Zuordnungs-Möglichkeit zu der Erlebnis-Gesamtheit. Ein richtiger Satz erborgt seine ›Wahrheit‹ von dem Wahrheits-Gehalt des Systems, dem er angehört.«[7]

Meine Damen und Herren, ein Gleichnis ist keine Analogie, wohl aber ein Abkürzungsverfahren, um möglichst verständlich über sehr schwierige Angelegenheiten zu sprechen; und zu den kompliziertesten Dingen, in die der Mensch sich verstricken läßt, gehört die Mathematik. Daß mein Vortrag für Sie und für mich nicht eben leicht ausfallen würde, wußte ich, deshalb reizte es mich auch, ihn zu halten; daß ich darin mit dem Schachspielgleichnis operiere, war ein Einfall, ein dramaturgischer Kniff, auf den mich die Vertracktheit des Themas brachte; daß sich Einfälle, wenn überhaupt, erst nachträglich rechtfertigen lassen, liegt in ihrer Natur; ich atme auf, habe ich doch noch einmal Glück gehabt. Wenn nämlich Einstein von einem Begriffssystem als einer menschlichen Schöpfung redet, die zwar *in sich* logisch, aber *an sich* logisch gänzlich willkürlich sei, so bin ich nicht in der Lage, eine Aussage darüber zu machen, ob ein Begriffssystem wie die Mathematik, die in sich logisch ist, an sich logisch gänzlich willkürlich sei. Als sicher kann ich es jedoch vom Schachspiel behaupten. Dessen Regeln sind logisch gänzlich willkürlich, und nicht nur die Regeln, auch die Spielfläche, während das Spiel in sich logisch ist: Es stellt eine geistige Auseinandersetzung, die in sich logisch ist, mit willkürlich gewählten Regeln dar, an die sich die beiden Gegner halten. Schach ist ein idealisierter Krieg, es benötigt Taktik, Strategie, kühle Berechnung und Intuition. Damit sind wir auf das wichtigste Dogma der Einsteinschen Erkenntnistheorie gestoßen, auf den Glauben, daß sich die Sinnen-Erlebnisse nur intuitiv, nicht logisch auf ein in sich logisches, aber an sich logisch willkürliches Begriffssystem beziehen lassen. Was ist nun im Schachspiel ein Sinnen-Erlebnis? Ein unerwarteter gegnerischer Zug, der zu einer im Spielverlauf nicht vorhergesehenen Konstellation führt. Nun ist die Intuition ein Begriff aus einem Bereich, den wir im allgemeinen vom Logischen trennen, aus jenem des Künstlerischen und des Religiösen. Die Intuition ist das unmittelbare Erfassen ohne Reflexion; im Religiösen bedeutet es die Eingebung, im Künstlerischen den Einfall, im Schach einen genialen Zug. Nun ist es natürlich möglich, daß auch einem gewöhnlichen Spieler ein genialer Schachzug gelingt, aber wir sprechen dann nicht von Intuition, sondern von Zufall. Gelingt ihm zum zweiten Mal ein genialer Zug, reden wir von Glück. Erst wenn ihm oft geniale Züge gelingen, wird der gewöhnliche Schachspieler in unseren Augen ein genialer Schachspieler, dem wir intuitive Spielzüge zutrauen, denn diese geschehen deduktiv aus einer Vision des gesamten Spielablaufs heraus, aber sie geschehen nicht außerhalb der Logik. Besser wäre es, sie als ein logisches Wagnis zu bezeichnen; die Zeit, sie logisch vollkommen abzusichern, fehlt. Darum kann ein intuitiver Zug eines genialen Schachspielers sich im weiteren Verlauf des Spiels doch noch als falsch erweisen. Daß es aber eine Intuition gänzlich außerhalb des Logischen gibt, bezweifle ich. Dies vorausgesetzt, können wir uns ein Schachspiel denken, bei dem Einstein gegen den Gott Spinozas spielt. Ein Gedankenexperiment, das ich mir in einem Raum gestatte, in welchem Gedankenexperimente legitim sind oder es sein sollten, doch nicht, um Einsteins physikalische Gesetze darzustellen, sondern um mit Hilfe einer Parabel das Schicksal seines Denkens nachzuzeichnen. Das Gedankenexperiment ist nicht ganz einfach. Wenn Spinozas Gott nicht nur ein vollkommener Schachspieler ist, der gegen sich selber spielt, sondern auch selber Figuren, Regeln und Brett in einem darstellt, so wird Einstein, wenn er mit diesem Gott spielt, selber in das Spiel integriert, er wird ein Teil des Spiels; der Gott Spinozas spielt mit Einstein gegen sich selber. Einsteins erkenntnistheoretisches Credo wird ein metaphysisches, Gottes erstes dem Menschen zugängliches Attribut, das Denken, entspricht dem menschlichen Denken. Die Schachregeln und damit das Schach sind zwar von Gott willkürlich gewählt, aber in sich logisch, das heißt, aufs Schach bezogen, deterministisch. Hätte Gott ein Würfelspiel gewählt, wären die Regeln statistisch. Auch der Mensch hat zu wählen; ob er richtig wählt, entscheidet das von Gott gewählte Spiel. Weil sich jedoch fast alle Spielzüge Gottes mit dem deterministischen menschlichen Schachspiel wiedergeben lassen, hält Einstein das Schach für das von Gott gewählte Spiel, es besitzt ›Wahrheitsgehalt‹, und er nimmt die Partie in der Überzeugung auf, daß auch jene Spielzüge Gottes, die Sinnen-Eindrücke, die den Spielregeln zu widersprechen scheinen, sich auf dem Schachbrett nachspielen lassen; und er beginnt die Partie im Vertrauen, einer fairen Auseinandersetzung entgegenzugehen; und wenn sich der gegnerische Läufer auf dem weißen Feld auf den schwarzen Feldern bewegt und dann wieder auf den weißen Feldern, oder wenn ein Springer in einem Spielzug von einem weißen Feld auf ein anderes weißes Feld hinübersetzt, so weisen diese Phänomene nicht auf einen göttlichen Fehler hin, sondern auf eine fehlerhafte Interpretation des göttlichen Spiels. Da sich Gott an die Schachregeln hält, müssen die beobachteten scheinbaren Regelwidrigkeiten Gottes bei seinem zweiten Attribut liegen, bei der Ausdehnung. Dieses Attribut ist etwas Unbestimmtes. Vielleicht ist es möglich, über dieses Attribut etwas in Erfahrung zu bringen, indem man das erste Attribut, das Denken, die Schachregeln, auf das zweite anwendet. Einstein geht dieser Intuition nach. Er denkt sich ein Spielfeld aus, auf welchem die beobachteten Unstimmigkeiten der Spielregeln wieder stimmen: eine Möbius-Fläche, das heißt eine Fläche, bei der man von der einen Seite auf die andere ohne Überschreitung des Randes zu gelangen vermag. Auf dieser Spielfläche lassen sich die Schachzüge Gottes ohne Änderung der Regeln ausführen: Der weiße Läufer auf dem weißen Feld bewegt sich bald auf den weißen, bald auf den schwarzen Feldern. Einstein sieht seinen Glauben bestätigt: »Der Herrgott ist raffiniert, aber nicht bösartig.« »Die Natur verbirgt ihr Geheimnis durch die Erhabenheit ihres Wesens, nicht durch List.« »Das ewig Unbegreifliche an der Welt ist ihre Begreiflichkeit.« Doch nun wird der Einstein in unserer Parabel mit einer neuen Konzeption konfrontiert. Hat Kant in unserem Gleichnis nicht nur die Unbeweisbarkeit eines vollendeten Schachspielers oder eines persönlichen Schiedsrichters bewiesen, sondern es auch abgelehnt, dem Schachspiel außerhalb der menschlichen Vernunft Objektivität zuzuschreiben, so stellt sich auf einmal die Frage, ob die kausale Schachpartie, in der die Spielfiguren selber spielen, überhaupt möglich sei. Gleichgültig, ob man sich die Partie kausal denkt, als eine Folge von Ursachen und Wirkungen, oder deterministisch, als eine Kette von Gedankenfolgerungen, muß jemand das Spiel außerhalb der Partie selber spielen, ob mit oder ohne Gegner, ist bedeutungslos. Aber die Schachfiguren selber sind innerhalb der Partie, für sie stellt sich das Spiel ganz anders dar, sie schlagen Figuren und werden von Figuren geschlagen, sie sind in eine unbarmherzige Schlacht verwickelt, sie können nichts vom Schlachtplan wissen, der sie lenkt, wenn es ihn überhaupt gibt; dieses anzunehmen, verwickelt im Schlachtengetümmel, ist reine Metaphysik, jeder schlägt sich nach seinen Regeln durch, der Bauer nach den Bauernregeln, ein Turm nach den Turmregeln usw., aus der Erfahrung wissen die Schachfiguren mit der Zeit, wie sich die anderen verhalten, aber ihr Wissen ist nutzlos: eine unvorstellbare Anzahl verschiedener Positionen ist möglich, eine Übersicht nur hypothetisch anzunehmen, die Zufälle häufen sich ins Unermeßliche, die Fehler ins Unglaubliche; eine Welt der Unglücksfälle und Katastrophen tritt an die Stelle eines kausalen oder deterministischen Systems.[8] Dieser Partie ist nur noch mit Wahrscheinlichkeitsrechnungen beizukommen, mit Statistik.

Meine Damen und Herren, ein Gleichnis sollte nicht zu sehr strapaziert werden. Wenn sich Einstein mit dem Bruch, der durch die Physik geht, nie zufriedengab, wenn ihn die komplementären Beschreibungen störten, die auf seine Interpretation des Quantenbegriffs aus dem Jahre 1905 zurückgehen, wenn er vier Jahre vor seinem Tod an seinen Freund Besso schrieb: »Die ganzen 50 Jahre bewußter Grübelei haben mich der Antwort der Frage: Was sind Lichtquanten? nicht nähergebracht. Heute glaubt zwar jeder Lump, er wisse es, aber er täuscht sich«, wenn Einstein schließlich den Widerspruch nur als vorläufig hinnahm, der darin liegt, daß sich die Gesetze des Makrokosmos deterministisch, jene des Mikrokosmos statistisch wiedergeben lassen, so ist diese Haltung in Einsteins Denken begründet: ob die Komplementarität, die wir heute in der Physik vorfinden, nicht dem menschlichen Denken selber anhaftet; ob wir nicht zwangsläufig immer wieder auf Antinomien stoßen, ist eine andere Frage. Einsteins Glaube, daß Gott nicht würfle – wie er seinen Einwand gegen die Quantenmechanik formulierte –, und seine Überzeugung, daß die Naturgesetze durch Intuition und nicht notwendigerweise wie bei Kant mathematisch beschreibbar seien, sind eins, der Ausdruck desselben einheitlichen Denkens. Die Intuition, nicht die Logik, ist sein Schicksal, genauer das logische Abenteuer, nicht die logische Absicherung. Einstein akzeptierte nicht, er rebellierte. In Bern, als Angestellter 3. Klasse des Eidgenössischen Patentamtes, in dessen Räumen nächstens die großen Feierlichkeiten zu seinem 100. Geburtstag stattfinden werden – und wo anders könnten sie stattfinden? –, kam er mit sehr wenigen mathematischen Begriffen aus; er war ein rein physikalischer Denker, beeinflußt von David Hume und Ernst Mach. Doch je mehr Einstein weiterdrang, desto notwendiger wurde für ihn die Mathematik. Sein Schritt von der speziellen zur allgemeinen Relativitätstheorie, die exakte Formulierung des Zusammenhangs zwischen Relativität und Gravitation, erwies sich mathematisch als so schwierig, daß sie nach siebenjähriger Arbeit nur durch die Hilfe von Mathematikern wie Großmann und Minkowski möglich wurde, bis er, dreißig Jahre eine allgemeine Feldtheorie um die andere entwerfend und verwerfend, im Alter verzweifelt ausrief: »Ich brauche mehr Mathematik.« Gelangte er vom Empirischen durch Intuition zum Apriorischen, versuchte er nun, durch Intuition vom Apriorischen zum Empirischen zu gelangen. Ob nämlich die vollständige Geometrisierung der physikalischen Phänomene an sich möglich sei oder, wie Einstein sich ausdrückt, ob sich der Weg einer erschöpfenden Darstellung der physischen Realität auf der Grundlage des Kontinuums überhaupt als gangbar erweisen werde, ist eine mathematische und damit apriorische Frage, die jedoch nur vom Empirischen beantwortet werden kann.[9] »Noch etwas anderes«, schreibt Einstein, »habe ich aus der Gravitationstheorie gelernt: Eine noch so umfangreiche Sammlung empirischer Fakten kann nicht zur Aufstellung so verwickelter Gleichungen führen. Eine Theorie kann an der Erfahrung geprüft werden, aber es gibt keinen Weg von der Erfahrung zur Aufstellung einer Theorie. Gleichungen von solcher Kompliziertheit wie die Gleichungen des Gravitationsfeldes können nur dadurch gefunden werden, daß eine logisch einfache mathematische Bedingung gefunden wird, welche die Gleichungen völlig oder nahezu determiniert. Hat man aber jene hinreichend starken formalen Bedingungen, so braucht man nur wenig Tatsachen-Wissen für die Aufstellung der Theorie.« Nun weist aber die Mathematik als der exakteste Ausdruck der menschlichen Phantasie, und unbeschränkt in ihrer Fähigkeit zur Fiktion, zwei Aspekte auf, einen logisch-apriorischen und einen ästhetischen.[10] Der logisch-apriorische ermöglichte es ihr, das gewaltige Gedankengebäude zu errichten, an welchem sie immer noch weiterbaut, ihre Ästhetik befähigt sie, unberührt vom Empirischen zu operieren; die Schönheit der Mathematik liegt in ihrer Idealität.[11] Nicht umsonst hat Platon ihr das Reich der Ideen zugeteilt, das Reich der Vorbilder, von denen die Körperwelt nur das Reich der Abbilder darstellt. Durch die Mathematik, die man an sich für widerspruchsfrei und also für ›wahr‹ hielt[12], wurde vor allem die mystische Philosophie in Versuchung geführt, das ›Ding an sich‹ in Zahlen oder in geometrischen Formen zu sehen, die Mathematik mit der Metaphysik zu verwechseln. Ließe sich der Versuch Einsteins einer erschöpfenden Darstellung der physischen Realität auf der Grundlage des Kontinuums, oder der entgegengesetzte Versuch, von den Elementarteilchen her zu einer umfassenden Formel zu gelangen, verwirklichen, würde die Physik zu einem Sonderfall der Mathematik, damit aber auch zu einer reinen Ästhetik; als solche hätte sie außerdem den Anspruch, als Metaphysik zu gelten: Der alte Traum hätte sich erfüllt, die Ästhetik und die Metaphysik, die Schönheit und die Wahrheit, seien eins. So ist denn auch Einsteins Festhalten an einem kontinuierlichen physikalischen Weltbild nicht nur ästhetisch, sondern auch metaphysisch mitbegründet; über das Bohrsche Atommodell urteilt er im Alter, es sei für ihn noch heute die höchste Musikalität auf dem Gebiete des Gedankens. Und ein Gott, der würfelt, hat für ihn in einer kontinuierlichen und deterministischen Welt nichts zu suchen. Er bedeutet das Chaos, das der Jude Einstein wie der Jude Spinoza ablehnen. Die Rebellion gegen das Chaos, einst verkörpert durch einen unberechenbaren, nur durch strenge Gesetzestreue zu besänftigenden Gott, ist eine eminent jüdische Rebellion. Aber Einstein schließt auch die Reihe der Denker ab, welche die Metaphysik wieder zu ermöglichen versuchten, nachdem Kant sie widerlegt hatte. Jaspers weist darauf hin, daß sich die Philosophen des deutschen Idealismus an Spinoza entzündet haben.[13] Für Hegel war der Spinozismus der wesentliche Anfang des Philosophierens. Von Einstein darf man vielleicht sagen, daß er, von Kant entzündet, sich zu Spinoza hin entwickelte. 1918, bei der offiziellen Feier zu Plancks 60. Geburtstag, führte er unter anderem aus: »Der Mensch sucht in irgendwie adäquater Weise ein vereinfachtes und übersichtliches Bild der Welt zu gestalten und so die Welt des Erlebens zu überwinden, indem er sie bis zu einem gewissen Grad durch dies Bild zu ersetzen strebt. Dies tut der Maler, der Dichter, der spekulative Philosoph und der Naturforscher, jeder in seiner Weise... Höchste Aufgabe des Physikers ist also das Aufsuchen jener allgemeinsten elementaren Gesetze, aus denen durch reine Deduktion das Weltbild zu gewinnen ist. Zu diesen elementaren Gesetzen führt kein logischer Weg, sondern nur die auf Einfühlung in die Erfahrung sich stützende Intuition... Die Sehnsucht nach dem Schauen jener prästabilierten Harmonie ist die Quelle der unerschöpflichen Ausdauer und Geduld, mit der wir Planck den allgemeinen Problemen unserer Wissenschaft sich hingeben sehen... Der Gefühlszustand, der zu solchen Leistungen befähigt, ist dem des Religiösen oder Verliebten ähnlich: das tägliche Streben entspricht keinem Vorsatz oder Programm, sondern einem unmittelbaren Bedürfnis...«

Meine Damen und Herren, diese Worte Einsteins sind einfache Worte. Aber Einstein hat das Recht, einfache Worte zu gebrauchen. Auch seine berühmte Gleichung, Energie gleich Masse mal Lichtgeschwindigkeit im Quadrat, $E = mc^2$, ist einfach und in ihrer Einfachheit von bestechender Schönheit. Doch welch ein Denken ist dahinter verborgen, nicht nur das Denken eines Einzelnen, mehr noch das Denken vieler Jahrhunderte, und darüber hinaus versinnbildlicht sie ein Denken, das mehr als jedes andere Denken die Welt veränderte, *kosmologisch*, indem es nicht, wie Einstein hoffte, zum Schauen der prästabilierten Harmonie führte, sondern zur Vision einer prästabilierten Explosion, zu einem monströsen auseinanderfegenden Weltall voller Supernovae, Gravitationskollapse, Schwarzer Löcher, zu einem Universum der Weltuntergänge, das sich von Jahr zu Jahr unheimlicher, ja tückischer zeigt, wie man versucht ist zu personifizieren; *ontologisch,* was die Existenz des Menschen auf unserem Planeten betrifft, indem dessen Welt, die Einstein als ›Begreiflichkeit‹ bewunderte, derart handfest begreifbar, hantierbar wurde, daß sich die Menschheit schließlich vor die Frage gestellt sah, ob sie sich der Vernunft unterwerfen oder ihren Untergang herbeiführen wolle. Daß dieses Weltbild, in das wir hineingezeichnet sind, gerade noch als lächerliches Gekritzel in irgendeiner Weltecke erkennbar, daß dieses ungeheuerliche Labyrinth, in welchem wir immer hilfloser und hoffnungsloser herumtappen, nicht zuletzt von einem Menschen stammt, der die Gabe besaß, einfach zu reden, gerade deshalb, weil er wie kaum ein anderer vor ihm ins Unanschauliche vorstieß, gehört zu der Paradoxie unserer Zeit. Um so ernsthafter haben wir darum Einstein zu nehmen, wenn er 1947 schreibt, er glaube, daß wir uns mit unserer unvollständigen Erkenntnis und Einsicht begnügen und moralische Werte und Pflichten als rein menschliche Probleme – die wichtigsten aller menschlichen Probleme – sehen müßten. Es gibt, muß beigefügt werden, keine Probleme, die nicht menschliche Probleme sind, auch die mathematischen und physikalischen sind solche.[14] So führt denn auch zu Einstein kein anderer Weg als der des Denkens.[15] Hier entscheidet sich sein und unser Schicksal. Er wird heute der klassischen Physik zugeordnet. Das immer wieder gescheiterte Experiment Michelsons gegen Ende des vorigen Jahrhunderts, das den Äther beweisen sollte, bewies, daß es keinen Äther gibt: Die Relativitätstheorie kommt denn auch ohne Äther aus.

Vielleicht ist das Scheitern des Versuchs Einsteins, eine allgemeine Feldtheorie aufzustellen, für die Physik sein wichtigster Beitrag. Die heutige Physik arbeitet mit Mitteln und technischen Anlagen, die Einstein nie zur Verfügung standen. Die Entdeckungen in den gigantischen Synchrotronen jagen sich, immer kleinere Elementarteilchen werden von Computern aufgespürt – und bald auch von Computern interpretiert; man hofft, das endlich wirklich Unzusammengesetzte zu finden, das unteilbare Atom der Griechen, den physischen und metaphysischen Punkt in einem, von dem aus die Welt aufzubauen und gar umzubauen wäre. Scheitert dieses faustische Unternehmen, wäre dieses Scheitern jämmerlicher als das einsame Scheitern Einsteins. Denn sein Scheitern war grandios, er besaß nichts als seinen Schreibtisch.[16] Aber er bewies vielleicht als erster, wenn auch gegen seine Vision, daß es keine einheitliche Methode geben kann. Hermann Weyl, auch er einmal Professor der Eidgenössischen Technischen Hochschule, schrieb: »In der Doppelnatur des Wirklichen ist es begründet, daß wir ein theoretisches Bild des Seienden nur entwerfen können auf dem Hintergrund des Möglichen.« Das heißt wohl nichts anderes, als daß wir die Erscheinungen nie zu durchstoßen vermögen. Meine Damen und Herren, ich danke für Ihre Aufmerksamkeit. Es ist möglich, daß Sie von mir einen etwas anderen Vortrag erwartet haben. Aber wer sich mit Einstein beschäftigt, muß sich ihm stellen, den Irrtum nicht fürchtend. Ihn zu belächeln, ist Ihr Recht, ihn zu begehen, das meine.

Anhang

Anmerkungen zu ›Albert Einstein‹

1, Seite 153: Nehmen wir an, daß die weißen oder die schwarzen Felder gute oder böse Taten bedeuten, so stellt der weiße Läufer etwa den Heiligen dar, er kann sich nur in der Diagonalen bewegen, nur in den weißen Feldern also, er vermag nur Gutes zu tun. Sein unheimlicher Gegenspieler ist der schwarze Läufer im weißen Feld, er tut nur Gutes, aber es nützt ihm nichts, er ist böse und bleibt böse. Der weiße Läufer im schwarzen Feld tut nur Böses und ist trotzdem weiß, seine Seele befleckt sich nicht, während der schwarze Läufer auf schwarzem Feld böse ist und nur Böses tut. Der König vermag sich nur beschränkt zu bewegen, er ist nicht aufgrund seiner Eigenschaften König, sondern zum König bestimmt, determiniert. Die Dame ist der Held, sie besitzt bewegungsmäßig die größten Möglichkeiten usw.

2, Seite 154: Ein Vortrag ist ein Wagnis. Er muß, im Gegensatz zum geschriebenen Wort, unmittelbar wirken. Die Unmittelbarkeit hat zur Folge, daß er um Verallgemeinerungen nicht herumkommt – der Grund, weshalb ich in meinen Vorträgen mit Vorliebe die Parabel wähle. So ist denn auch die Behauptung, das Judentum und die daraus hervorgegangenen Religionen (Christentum, Islam) seien kausale Religionen, als notwendige vortragsdramaturgische Verallgemeinerung zu verstehen. Determinismus und Kausalität sind philosophische, nicht religiöse Begriffe; daß sie in die Religionen hineinspielen, ist ein theologisches Problem, nicht ein religiöses. Theologisch weisen vor allem der Islam, aber auch das Christentum neben kausalen starke deterministische Züge auf: die islamische Orthodoxie lehnt die Naturgesetze ab. Allah läßt unmittelbar einen Stein zur Erde fallen; die Prädestinationslehre spielt nicht nur bei Augustin und Calvin eine Rolle, auch Karl Barth macht sie schwer zu schaffen. Stammt die Prädestination aus dem strapazierten Begriff der Allwissenheit, die Gott zugeschrieben wird, so bekommt dagegen mit der Installierung des Teufels als beinah zweite Gottheit das Christentum wieder eine zusätzliche kausale Komponente: Gott und Teufel sind nicht nur Schiedsrichter, sondern mehr der gute und der schlechte Kiebitz, die hinter jedem Spieler stehen. Es kommt darauf an, auf wessen Stimme dieser horcht; meistens horcht er auf die Stimme des Teufels; dieser ist denn auch in der christlichen Religion gleichsam, wenn auch kein vollkommener, so doch ein fast vollkommener Schachweltmeister, der nur im Schlußkampf besiegt wird, wenn es dem Schiedsrichter endgültig gefällt, selber seine vollkommene Kunst zu zeigen. Das scheint mittelalterlich; aber nicht nur die katholische Kirche hält immer noch an der Persönlichkeit des Teufels fest, auch Karl Barth sieht im Teufel »Gottes seiendes Nichtwollen«. Übrigens finden wir die Vermischung von Determinismus und Kausalität noch anderswo, z.B. in der Ödipus-Sage: Durch das Schicksal, welches durch das Orakel spricht, ist Ödipus determiniert; indem er dem Orakelspruch zu entgehen versucht, handelt Ödipus kausal.

3, Seite 155: Die Theodizee Leibniz' ist der metaphysische Einfall eines großen Mathematikers. Wie für Spinoza ist auch für Leibniz Gott logisch notwendig, die Welt nur hypothetisch notwendig. Es sind unendlich andere Welten denkbar, weil im Gegensatz zu Gott die Welt endlich ist. Die Welt kann als endliche Welt nicht vollkommen sein, das kann nur Gott als etwas Unendliches. Die Welt ist nur als die beste aller denkbaren Welten möglich. Ähnliche Ideen erscheinen in der heutigen Kosmologie, als Kuriosität etwa: »Eines der grundlegenden Probleme der Kosmologie ist die Tatsache, daß das Universum isotrop ist, das heißt, seine Eigenschaften sind weitgehend richtungsunabhängig. Dies läßt sich aufgrund neuester Messungen mit großer Präzision nachweisen, obwohl die Theorie für alle Weltmodelle mit einer Existenzwahrscheinlichkeit größer als Null eine anisotrope Struktur voraussagt. Einen sehr interessanten Ansatz zur Lösung dieses Dilemmas machten kürzlich die Astrophysiker C. B. Collins und S. W. Hawking der Universität Cambridge. In einer Publikation in der Märznummer von ›The Astrophysical Journal‹ zeigen die Autoren, daß die Isotropie des Universums eine direkte Folge von dessen Expansionsgeschwindigkeit ist. Diese befindet sich genau im Bereich zwischen der Geschwindigkeit, die eine unendliche Expansion bewirkt, und derjenigen, die einen gravitationsbedingten Kollaps zu einer Singularität herbeiführt. Nur bei der ›intermediären‹ Expansionsgeschwindigkeit können sich Galaxien bilden, so daß auch die Existenz von Sternen, Planeten und von Leben eine direkte Folge der Isotropie des Universums ist. Die geringe Existenzwahrscheinlichkeit eines solchen Systems läßt sich durch die Annahme aufheben, daß es nicht nur ein Weltall, sondern deren unendlich viele gibt.« (NZZ, Forschung und Technik, 24. 9. 73). Ein amüsantes Beispiel, wie Gedanken immer wieder auftauchen.*

4, Seite 155: Wenn Jaspers über Spinozas philosophische Herkunft schreibt: »Man kann für fast alle Gedanken Spinozas die Herkunft zeigen: von der Stoa kannte er die Grundhaltung des Gleichmuts aus Vernunft, von der Bibel den einen Gott, von der Scholastik Begriffe wie Substanz, Attribut, Modus, natura naturans und natura naturata, von Giordano Bruno die Unendlichkeit der Welt, von ihm und Leone Ebreo die Lehre vom Eros, von Bacon die empirischen Methoden und das Abwerfen von Vorurteilen, von Descartes die Unterscheidung von Ausdehnung und Denken und die Hochschätzung der Mathematik als Gewißheit, von Machiavelli und Hobbes das Staatsdenken«, so muß beigefügt werden, daß sein denkerischer Hauptantrieb

* Zu Leibniz siehe auch S. 190–195.

die Überwindung des religiösen Judentums war, von dem er herkam: Spinoza ist ohne die dreitausendjährige Auseinandersetzung des jüdischen Denkens mit der ›Fiktion Gott‹ nicht denkbar, nicht ohne den Talmud, die Kabbala, Maimonides (der ja auch lehrte, von Gott sei nichts auszumachen) usw. Es ist nicht nur wichtig, wovon man nimmt, noch wichtiger ist, wogegen man kämpft. Spinozas Denken ist im wesentlichen eine Rebellion gegen das Judentum und damit ein Resultat des jüdischen Denkens, wie das Denken Einsteins. (Das gleiche ließe sich vom Denken Marx' und Freuds sagen; es handelt sich um den gleichen sich vielfach verästelnden Denkstrom, um ein ›Denkdelta‹, um eine der fruchtbarsten Denklandschaften, die wir kennen.) Auch Einstein wehrte sich gegen das religiöse Judentum. Daß er sich erst durch den Antisemitismus als Jude zu fühlen begann und Zionist wurde, ja daß ihn Israel bat, das Amt eines Staatspräsidenten anzunehmen, gehört zu den von der Zeit ihm aufgezwungenen Widersprüchlichkeiten, zu denen ebenso sein berühmter Brief an Roosevelt gehört, der zum Bau der Atombombe führte, samt seiner Reaktion, als die Bombe dann zum Einsatz kam, sein »O weh« ist von einer unendlichen Hilflosigkeit. Einstein selber war ein überzeugter Pazifist. Daß er Schweizer Bürger wurde, um dem deutschen Wehrdienst zu entgehen, und dieses Bürgerrecht auch später nicht aufgab, entbehrt nicht der Ironie: gibt es doch für die heutige Schweiz nichts Suspekteres als die Pazifisten (und für viele die Zionisten).*

5, Seite 158: Spinoza übernahm die zwei Attribute Gottes, Denken und Ausdehnung, von Descartes, bei dem sie die beiden von Gott geschaffenen Substanzen sind. Die Zeit kommt bei Spinoza nur den Modi der Attribute zu, den Einzeldingen, die, weil sie endlich sind, der Zeit unterliegen, zeitlich sind, während die Substanz zeitlos, ewig ist. Substanz, Attribut, Modus: Spinozas Denken ist grammatikalisch, es geht grammatikalisch,

* Zu Spinoza siehe auch S. 186–190.

aber nicht logisch auf. Der Gedanke liegt nahe, seine Methode nicht eine geometrische, sondern eine grammatikalische zu nennen, wobei sich die Frage stellt, ob der Gegensatz zwischen euklidischer und nicht-euklidischer Geometrie nicht auf irgendeine Weise analog zu beschreiben wäre; eine schriftstellerische Frage, gewiß, die ich mir gestatte, weil ich, in mein Metier verstrickt, allzuoft an der Gültigkeit der Grammatik zweifle, allzuoft zeigt sie mir ihre Ohnmacht, allzuoft ihre Tyrannei: Sie will mir aufzwingen, was sie denkt, statt mich schreiben zu lassen, was ich denke.

6, Seite 159: Kants Auffassung der Mathematik, »die philosophische Erkenntnis ist die Vernunftserkenntnis aus Begriffen, die mathematische aus der Konstruktion der Begriffe«, hätte eine nicht-euklidische Geometrie durchaus zugelassen. Hätte er sie gekannt, hätte er möglicherweise den Begriff der menschlichen Anschauung erweitert; zu dieser gehört nämlich durchaus auch die mathematische abstrakte Anschauung, die mathematische Phantasie, die der Mathematik erlaubt, die sinnliche Anschauung zu durchstoßen.*

7, Seite 161: Einsteins erkenntnistheoretisches Credo schließt: »Eine Bemerkung zur geschichtlichen Entwicklung. Hume erkannte klar, daß gewisse Begriffe, z. B. der der Kausalität, durch logische Methoden nicht aus dem Erfahrungsmaterial abgeleitet werden können. Kant, von der Unentbehrlichkeit gewisser Begriffe durchdrungen, hielt sie – so wie sie gewählt sind – für nötige Prämissen jeglichen Denkens und unterschied sie von Begriffen empirischen Ursprungs. Ich bin aber davon überzeugt, daß diese Unterscheidung irrtümlich ist, bzw. dem Problem nicht in natürlicher Weise gerecht wird. Alle Begriffe, auch die erlebnis-nächsten, sind vom logischen Gesichtspunkte aus freie Setzungen, genau wie der Begriff der Kausalität, an

* Zu Kant siehe auch S. 198–201.

den sich in erster Linie die Fragestellung angeschlossen hat.« Interessant auch hier sein Hinweis auf Kant. Dieser wollte Newtons Physik philosophisch sicherstellen. Daß alle Veränderungen nach dem Gesetz der Verknüpfung von Ursache und Wirkung geschehen, gilt sowohl für Kant innerhalb der Erfahrung als auch für Newtons ›Schwerkraft‹. Indem diese von Einstein durch die Geometrie des Raumes ersetzt wird, wird sie nicht mehr kausal, sondern deterministisch: sie folgert sich aus den Eigenschaften des Raum-Zeit-Kontinuums. Da aber die ›Krümmung‹ dieses Raum-Zeit-Kontinuums durch das Vorhandensein der Materie verursacht wird, wird die Materie zur Ursache des Raums, für die es keine Ursache mehr gibt, zur causa sui, analog der causa sui, womit Spinoza seinen Gott meint. Die heutige Theorie eines Big Bang, eines Urknalls, der den Anfang von Zeit und Raum bedeutet, setzt die Welt sowohl kausal als auch deterministisch, das heißt, der Unterschied zwischen Kausalität und Determinismus ist ein nur im Bereich der Logik stattfindendes Scheingefecht, eine grammatikalische Angelegenheit, geeignet für alle Glaubenskämpfe und Vorträge.

8, Seite 166: Denkt man sich eine Schachpartie der Schachfiguren aus, fällt mit dem Spielplan, von dem sie nichts wissen können, auch die ›zeitliche Ordnung‹ der Partie zusammen. Alle Figuren spielen gleichzeitig, das heißt, sobald sie eine Möglichkeit sehen, sich zu bewegen.

9, Seite 168: Wenn Einstein in seinem Vortrag *Geometrie und Erfahrung* sagt, »insofern sich die Lehrsätze der Mathematik auf die Wirklichkeit beziehen, sind sie nicht sicher, und insofern sie sicher sind, beziehen sie sich nicht auf die Wirklichkeit«, und wenn Rudolf Carnap in seiner *Philosophie der Naturwissenschaft* daraus schließt, es gebe zwei Geometrien, eine mathematische und eine physikalische, will mir diese Ansicht partout nicht einleuchten; es scheint mir nur eine Geometrie zu geben, die nicht-euklidische, von der die euklidische ein

Sonderfall ist. Welche geometrischen Gesetze auf die Wirklichkeit anzuwenden sind, ist eine andere Frage, darüber entscheidet die Erfahrung, ohne daß sie an der Geometrie etwas ändert. Auch die Wirklichkeit scheint mir recht zu geben; über meinen Besuch im CERN: »Wir geraten in eine Halle voller Computer, die errechneten Resultate werden irgendwann an irgendeinen der Physiker oder, genauer, an irgendeinen der Spezialisten unter den Kernphysikern weitergeleitet oder an irgendeinen Spezialisten auf irgendeiner Universität geschickt oder, noch genauer, an das Team, dem er vorsteht, denn jeder Spezialist steht heute irgendeinem Team von Spezialisten vor (es kann heute einer noch so sehr Spezialist sein, es gibt in seinem Spezialgebiet immer noch Spezialgebiete, die immer noch Spezialisten hervorbringen, usw.), mit einem Mathematiker im hintersten Hintergrund des Teams, der die Arbeit all dieser Spezialisten auf ihre mathematische Stubenreinheit hin überprüft, als eine Art wissenschaftlicher Jesuitenpater, hat doch jede physikalische Aussage auch mathematisch zu stimmen, wie früher jede theologische dogmatisch in Ordnung sein mußte und heute wieder jede ideologische linientreu zu sein hat.« (In: *Der Mitmacher. Ein Komplex.* Werkausgabe Band 14).

10, Seite 168: Hermann Weyl: »Vielleicht ist ›Mathematisieren‹, wie Musizieren, eine schöpferische Tätigkeit des Menschen, deren Produkte nicht nur formal, sondern auch inhaltlich durch die Entscheidungen der Geschichte bedingt sind und daher vollständiger objektiver Erfassung trotzen.« Ich würde ›vielleicht‹ durch ›vor allem‹ ersetzen. Auch glaube ich, daß sich aus der Mathematik keine andere Philosophie, sondern bloß erkenntnistheoretische Hinweise ziehen lassen, diese jedoch sind von größter Wichtigkeit. Nicht minder wichtig sind die Auseinandersetzungen innerhalb der Mathematik. Wie auf einer Bühne spielen sich hier verschärft jene Kämpfe ab, die sich in der menschlichen Wirklichkeit weit verwaschener, dafür aber blutig, als Glaubens- und ideologische Kriege ausgeben; verwaschener, weil es sich um Ausreden handelt: dem Menschen, den man in den Tod schickt, schwatzt man ein, er kämpfe für eine Idee usw.

11, Seite 168: Wenn Poincaré in seinem Einwand gegen Einstein meinte, wenn man empirische Hinweise auf einen nicht-euklidischen Raum finde, so könne die euklidische Geometrie beibehalten werden, vorausgesetzt man sei bereit, komplizierte Änderungen der Naturgesetze für starre Körper und Lichtquellen hinzunehmen, die Theorien Newtons und Einsteins seien im Grunde nur zwei verschiedene Beschreibungen ein und derselben Tatsache, der Unterschied sei nur formaler, das heißt ästhetischer Natur, indem die Einsteinschen Formeln nur eleganter seien als die umgeänderten Newton-Formeln –, so kommt mir dieser Einwand unberechtigt vor. Newtons Mechanik ist nicht ein Sonderfall der relativistischen Mechanik, Einstein führt Newton nicht weiter, sondern löst ihn ab. Auch die Hymnen auf die Schönheit der Einsteinschen Formeln und Gedanken, die sich in Einsteins Biographie von B. Hoffmann finden, führen am Problem vorbei. Einstein scheiterte nicht an der Ästhetik, sondern an seiner Ästhetik.

12, Seite 168: Daß nicht nur die axiomatische Auffassung der Mathematik, wie Gödel bewies, sondern auch ihre inhaltliche Auffassung zu Antinomien führt, zeigt Alexander Wittenbergs Dissertation ›Vom Denken in Begriffen‹. Alexander Wittenberg war Student an der ETH und oft auch Beleuchter im Schauspielhaus Zürich. Er starb als Professor für Mathematik an der Laval-Universität Quebec.

13, Seite 169: Jaspers: »Die Philosophie des deutschen Idealismus hat sich, entzündet von Spinoza, gegen ihn entwickelt.«

14, Seite 171: Zu den wichtigsten Problemen führen oft die scheinbar unwichtigsten; sie sind die Samenkörner. Es gibt keine unverbindlichen Probleme. Es gibt nichts Jämmerlicheres als jene, die das Denken des Menschen in ein verbindliches und in ein unverbindliches Denken einteilen. Unter ihnen verbergen sich unsere zukünftigen Henker.

15, Seite 171: Der Mythos, die Relativitätstheorie werde auf der Welt nur von fünf Personen verstanden, machte Einstein weitaus populärer als das Schlagwort »alles ist relativ«, womit im Namen Einsteins jedermann focht. Das Geheimnis fasziniert, nicht die Platitüde. Der Mythos Einstein machte den Denker Einstein zu einem Übermenschen, dem ein übermenschliches Denken zugeschrieben wurde, an welches das gewöhnliche menschliche Denken nicht heranreicht. Der Mythos, Einstein sei nur von Genies zu verstehen, sah in Einstein den Begründer einer Wissenschaft hinter der Wissenschaft, siedelte ihn gleichsam außerhalb der menschlichen Vernunft an, nicht zuletzt auch deshalb, weil mit der vierten Dimension, die er angeblich entdeckt hatte, dem Irrationalen, dem der Mensch so gerne nachgibt, eine neue Schleuse geöffnet wurde. Und das Irrationale brach denn auch herein. Doch habe ich mich mit dem zu befassen, was Einstein bei jenen bewirkte, die ihn begriffen, nicht mit dem, was er bei jenen auslöste, die auf seinen Mythos hereinfielen. Auch der Halt, den die abstrakte Kunst bei ihm zu finden sucht, scheint mir auf einem Mißverständnis zu beruhen. Deshalb, weil der Abstraktionsfähigkeit und der schlackenlosen Ästhethik der Mathematik – außer der Musik, die sich ihr zu nähern vermag – keine Kunst gewachsen ist, führt zu Einstein kein anderer Weg als der des Denkens. Es gibt keinen ›populären‹ Einstein, die Legende Einstein löst sich ins Nichts auf.

16, Seite 172: Einstein war vielleicht einer der letzten großen Einzelgänger der Physik. Als amüsante Kritik meines Vortrags möchte ich einen Brief wiedergeben, den ich nach meinem Vortrag am 24. 2. 79 im Auditorium Maximum der ETH erhalten habe. Ich nehme diese Kritik durchaus ernst. Das einzige, was ich dem Briefschreiber vorwerfe, ist die schlampige Art, wie er beleuchtete: Selten waren die Scheinwerfer für den Vorlesenden penibler eingestellt; eine technische Art, Zensur zu üben; eine Vorahnung der Gehirnwäsche. Doch da er vor lauter Beleuchtungsschlamperei nicht zuhören konnte, sei ihm versichert, daß ich, was das sachliche Bild der heutigen Physik betrifft, mit ihm einig bin. Der Grund, weshalb ich diesen Brief wiedergebe, liegt nicht darin, den Schreibenden von der Physik, sondern von der Beleuchtung abzuhalten; sie spielt im Theater eine Rolle, da muß ich rein beruflich gegen solche Stümper protestieren, wie er, was die Beleuchtung angeht, einer ist; ein schlechter Beleuchter ist schlimmer als ein mittelmäßiger Physiker. »Sehr geehrter Herr Dürrenmatt, ich muß gestehen, daß ich von Ihrem Vortrag anläßlich der Einstein-Tagung vom 24. Februar arg enttäuscht bin. Von einem Physiker eine Problematisierung des Zusammenhanges zwischen Naturwissenschaft und Technik, zwischen der Beherrschung technischer Prozesse und wirtschaftlich-politischer Macht zu erwarten, habe ich längst aufgegeben. Von Ihnen hatte ich mehr Einsicht und Sensibilität erhofft, und an der Person Einsteins hätte sich diese horrende (?) Problematik weiß Gott entwickeln lassen. Statt dessen kultivieren Sie die antiquierte Ideologie des Wissenschaftlers als Einzelkämpfer gegen oder mit Gott. In Wirklichkeit ist die Arbeitsteilung und Spezialisierung in keiner Geistestätigkeit so weit fortgeschritten wie in den exakten Naturwissenschaften und in der Mathematik (zwar wird in den anderen Wissenschaften eifrig versucht, diesen Rückstand wettzumachen); und beinahe die Hälfte aller Physiker und Ingenieure arbeiten in den USA für das Militär (John Powling, ›Physics today‹, Dezember 1978, Seite 10). Weltweit gesehen, wird das Verhältnis kaum ermutigender ausfallen. Ich war an jenem Samstagmorgen für die Beleuchtung des Saales zuständig. So konnte ich durch ein plötzliches Aussteigenlassen der Helligkeit wenigstens verhindern, daß sich Ihr Applaus ungebührlich in die Länge zog. $E = mc^2$!«

Zu danken ist vor allem meinem Freund Marc Eichelberg, Professor für Mathematik und Philosophie am Bündner Lehrerseminar in Chur. Er hatte die Freundlichkeit, nach Neuenburg zu kommen, auf meinen Vortrag einzugehen und mit mir die zweimonatige Arbeit durchzudiskutieren.

Im weiteren schulde ich Dank Herrn Professor Res Jost von der ETH Zürich. In einem nächtlichen Telefongespräch gab er mir eine Übersicht über Einsteins physikalische Leistung, die mir unvergeßlich bleibt.

Skizze zu einem Nachwort

1979

I

Das Denken Spinozas entwickelt sich mit zwingender Logik aus seinen Definitionen, aus denen er Axiome konstruiert und Lehrsätze ableitet. Die *Ethik* beginnt mit 8 Definitionen:

»1. Unter Ursache seiner selbst verstehe ich das, dessen Wesen das Dasein in sich schließt, oder das, dessen Natur nicht anders als daseiend begriffen werden kann. 2. Dasjenige heißt in seiner Art endlich, was durch ein anderes von gleicher Natur begrenzt werden kann. Ein Körper z.B. heißt endlich, weil wir immer einen andern größeren begreifen. So wird das Denken durch ein anderes Denken begrenzt, der Körper wird aber nicht durch das Denken, und das Denken nicht durch den Körper begrenzt. 3. Unter Substanz verstehe ich das, was in sich ist und aus sich begriffen wird; das heißt das, dessen Begriff nicht des Begriffes eines andern Dinges bedarf, um daraus gebildet werden zu müssen. 4. Unter Attribut verstehe ich das, was der Verstand von der Substanz als ihr Wesen ausmachend erkennt. 5. Unter Modus verstehe ich die Affektionen der Substanz, oder das, was in einem Andern ist, wodurch man es auch begreift. 6. Unter Gott verstehe ich das schlechthin unendliche Seiende, d.h. die Substanz, die aus unendlichen Attributen besteht, von denen jedes ein ewiges und unendliches Wesen ausdrückt. 7. Dasjenige Ding soll frei heißen, das aus der bloßen Notwendigkeit seiner Natur da ist und allein von sich zum Handeln bestimmt wird; notwendig aber oder vielmehr gezwungen dasjenige, was von einem Andern bestimmt wird, auf gewisse und bestimmte Weise zu sein und zu wirken. 8. Unter Ewigkeit verstehe ich das Dasein selbst, insofern es als aus der bloßen Definition des ewigen Dinges notwendig folgend begriffen wird.« (Übersetzung: Berthold Auerbach, Cotta, Stuttgart 1871.)

Es scheint mir wichtig, diese Definition zu kennen, um nicht an Spinoza vorbeizudenken, denkt man über ihn nach. Die Verwirrung beginnt bei vielen bei Spinozas ›Attributen‹: Sie sind nicht Eigenschaften der göttlichen Substanz, sondern deren Wesen, und als solche wie Gott Substanzen; zwei von den unendlich vielen Attributen, aus denen Gott besteht, können vom Verstand (intellectus) begriffen werden, nämlich ›Denken‹ und ›Ausdehnung‹. Diese zwei Substanzen gehören als begreifliche Wesenheiten Gottes zur natura naturans; der Verstand, durch den sie begriffen werden, gehört zur natura naturata (Lehrsatz 31, *Ethik 1:* Der Verstand als wirklicher, sei er endlich oder unendlich, so wie auch der Wille, die Begierde, die Liebe usw. müssen zur geschaffenen Natur, nicht aber zur schaffenden gerechnet werden.) Der Verstand ist damit eines der Modi des Attributs Denken.

Nun scheint Spinozas Definition des Begriffs ›Modus‹ nicht eindeutig. Einerseits sieht er in den Modi die »Affektionen der Substanz«, andrerseits »das, was in einem Andern ist, wodurch man es auch begreift«: Wird jedoch angenommen, daß die Attribute Denken und Ausdehnung durch ›Affektionen‹ die Modi aktiv bewirken, wodurch der Verstand fähig wird, die Attribute im ›Andern‹, das heißt in den Modi und damit im Zeitlichen und Teilbaren zu erkennen, wird Spinozas Definition eindeutig.

Wie bei keinem anderen Denker wird man bei Spinoza immer wieder in sein ›Denkzentrum‹ zurückgezwungen: Ist der Verstand ein Modus des Attributs Denken, so ist für ihn (und damit bei Spinoza ›an sich‹) die ewige Substanz Gottes als unendliches ausgedehntes körperliches Wesen unteilbar und als zeitloses denkendes Wesen unmittelbar gewiß (wir denken hier an das ›Sein‹ des Parmenides); dagegen begreift der Verstand die endliche Körperwelt als teilbar und sich selber als ›zeitliches Denken‹ nur mittelbar: Der Verstand muß sich von seinem Wesen, dem Denken, ableiten (als Modus des Attributs). Die Modi können damit als die Art und Weise begriffen werden, in der die unendliche und unteilbare Ausdehnung und das zeitlose und unmittelbare Denken sich in der endlichen und teilbaren Körperwelt und im zeitlichen und mittelbaren Verstand modifiziert, mit anderen Worten: manifestieren, in Erscheinung treten. (Was Spinoza unter dem Modus des unendlichen Verstandes versteht, wage ich nicht zu entscheiden; vielleicht will er damit ausdrücken, daß dem Verstande, der fähig sei, das Unendliche, das Unteilbare und das Unmittelbare zu begreifen, an sich auch Unendlichkeit zuzuschreiben sei, das heißt, falls Gott sich begreifen wolle, er es mit dem gleichen Verstande tun müßte, mit dem gleichen Modus also wie der Mensch.)

Bei Spinoza scheint mir der *Verstand* der Schlüssel seiner Weltvision zu sein. Der Verstand hat nicht nur die Fähigkeit, das Sein unmittelbar als gewiß zu erkennen, sondern auch verschiedene Abstufungen des Seins zu unterscheiden: So kommt Gott mehr Sein zu als dessen Attributen, den Attributen mehr als den Modi. Dem Modus Verstand sind zwar die unendlichen Attribute der unendlichen Substanz verschlossen, er vermag jedoch zwei Attribute, von deren einem er der Modus ist, von der unmittelbar gewissen Substanz abzuleiten; auch ist er imstande, sich selber und die anderen Modi aus diesen Attributen zu modifizieren; mehr noch: indem sich der Verstand als Modus der Attribute Gottes von dieser einzigen freien Substanz als determiniert erkennt – ein Schicksal, das er mit jedem Modus teilt –, vermag er, indem er diese Notwendigkeit akzeptiert, frei zu sein. Die Freiheit ist eine Einsicht des Verstandes, die nur möglich ist durch die Gotteserkenntnis. Ebenso verhält es sich mit der Gerechtigkeit, der Toleranz, der Tugend, der Liebe zu Gott: sie sind der Gotteserkenntnis adäquate Ideen.

Aus der Gotteserkenntnis, die nur der Verstand möglich macht, läßt sich damit bei Spinoza alles ableiten: nicht nur die Welt, die eine Machtfiktion Gottes ist, sondern auch die Ethik, ja die Politik. Spinozas Denken ist der an sich und in sich geschlossenste logische Versuch, eine Weltvision a priori aus dem Verstand zu rekonstruieren, indem er das Allgemeine setzt und das Besondere daraus schließt. Insofern aber der Verstand alles aus einem unmittelbaren Vermögen, Gott als gewiß zu erkennen, ableitet, wird das Ich als Träger dieses Vermögens nebensächlich – das Ich läßt sich wegdenken, nicht Gott –, daher die Selbstlosigkeit dieses Denkers, der vollkommen eins mit seinem Denken war.

II

Spinoza ist ein religiöser Denker, der ohne Glauben auskommt – es sei denn, man nenne seine Überzeugung, Gott sei unmittelbar gewiß, Glauben. Aber obgleich er faktisch Gott wie ein Axiom behandelt, beweist er vor allem sein Dasein aus der Notwendigkeit.

»11. Lehrsatz: Gott oder die aus unendlichen Attributen bestehende Substanz, von denen ein jedes ewige und unendliche Wesenheit ausdrückt, ist notwendig da. Beweis: Verneint man das, so nehme man an, wenn es geschehen kann, daß Gott nicht da sei. Also (nach Axiom 7 [Was als nicht daseiend begriffen werden kann, dessen Wesen schließt das Dasein nicht ein.]) schließt sein Wesen sein Dasein nicht ein. Nun ist dies (nach Lehrsatz 7 [Zur Natur der Substanz gehört das Dasein.]) widersinnig; folglich ist Gott notwendig da, was zu beweisen war.«

Im wesentlichen ist der ontologische Gottesbeweis Spinozas identisch mit dem Gottesbeweis, den Descartes vorbringt, mit dem Unterschied, daß Spinoza diesen so bewiesenen Gott nicht mit dem christlichen Gott gleichsetzt. Diese Gleichsetzung, die

Descartes begeht, ist logisch noch fragwürdiger (was Pascal durchschaut) als der ontologische Gottesbeweis, den Descartes und Spinoza anführen. Die beiden Substanzen Denken und Ausdehnung, die bei Spinoza zum Wesen Gottes gehören, stellen bei Descartes Schöpfungen Gottes dar; damit gerät jener in den verhängnisvollen Dualismus Seele – Körper, Geist – Materie, den Spinoza vermeidet: Bei ihm sind das menschliche Denken und der menschliche Körper nichts anderes als zwei verschiedene Modifikationen des gleichen Modus; ein Gegensatz zwischen beiden kann nur auf einer inadäquaten Idee beruhen, auf einem Irrtum, einem Denkfehler.

Ist bei Spinoza Gott immanent, ist er bei Descartes transzendent, außerhalb der Welt; ist bei Spinoza alles determiniert, ist bei Descartes alles ›mechanisiert‹, das heißt kausalisiert. Sein Gott hat gleichsam eine riesige Weltmaschinerie geschaffen, innerhalb deren der Mensch eine denkende Maschine darstellt. Descartes' Welt beruht auf Ursache und Wirkung, sie ist kausal.

Wenn ich vermute, daß, weil die Gegensätzlichkeiten wiederkehren, der Gegensatz zwischen Descartes und Spinoza später, im Gegensatz zwischen Newton und Einstein, aufs neue auftaucht, so vermute ich auch, daß in der Stellungnahme, die Einstein gegen die Quantenmechanik bezog, etwas vom Gegensatz aufleuchtet, der Spinoza von Leibniz trennt: dessen Auffassung von der Substanz als etwas, das sich nicht modifiziert, sondern das wirkt, also eine Kraft ist, der nichts Kontinuierliches zugrunde liegt, sondern Kraftträger, einfache Substanzen ohne Stofflichkeit, Gestalt und Ausdehnung, metaphysische Punkte, die Leibniz als die ›wahren Atome‹ Monaden nennt.

»Daraus folgen verschiedene wichtige Paradoxa: u. a. dieses, daß es nicht wahr ist, daß zwei Substanzen einander je vollständig glichen und solo numero (nur der Zahl nach) verschieden wären, und daß das, was der heilige Thomas in dieser Hinsicht von den Engeln oder reinen Verstandeswesen behauptet (quod ibi omne individuum sit species infima, daß hier jedes Individuum eine niederste Art sei), von sämtlichen Substanzen gilt, wobei man die spezifische Differenz allerdings so nehmen muß, wie die Geometer sie bei ihren Figuren verstehen; ferner das Paradox, daß eine Substanz nur durch Schöpfung anfangen und nur durch Vernichtung aufhören kann; daß man eine Substanz nicht in zwei Substanzen aufteilen und aus zwei Substanzen nicht eine machen kann, und daß demnach die Anzahl der Substanzen auf natürlichem Wege weder zu- noch abnimmt, obwohl sie oft Umformungen erfahren. Darüber hinaus ist jede Substanz gleichsam eine ganze Welt und gleichsam ein Spiegel Gottes oder jedenfalls des ganzen Universums, welches jede auf ihre Art ausdrückt, etwa so wie sich eine und dieselbe Stadt, je nach den verschiedenen Standorten des Betrachters, verschieden darstellt. Dergestalt wird das Universum gewissermaßen so oft vervielfältigt, wie es Substanzen gibt, und ebenso wird der Ruhm Gottes durch die entsprechende Anzahl von ganz verschiedenen Darstellungen des Werkes gesteigert. Man kann sogar sagen, daß jede Substanz in gewisser Weise den Stempel der unendlichen Weisheit und der Allmacht Gottes trägt und ihn, soweit sie dessen fähig ist, nachahmt. Denn sie drückt, wenn auch verworren, alles aus, was im Universum geschieht, Vergangenes, Gegenwärtiges und Künftiges, worin eine gewisse Ähnlichkeit mit unendlichem Erfassen oder Erkennen liegt; und da alle anderen Substanzen ihrerseits diese hier ausdrücken und sich nach ihr richten, kann man sagen, daß sie, in Nachahmung der Allmacht des Schöpfers, auch ihre Macht auf alle anderen Substanzen erstreckt.« (Leibniz, *Metaphysische Abhandlung).*

Dies alles, obwohl Leibniz in seiner *Monadologie* ausführt: »Es gibt ferner keine Möglichkeit zu erklären, wie eine Monade in ihrem Inneren durch irgendein anderes Geschöpf beeinflußt oder verändert werden könnte, da man offenbar nichts in sie hinein übertragen, sich auch keine innere Bewegung in ihr vorstellen kann, die innerhalb ihrer hervorgerufen, geleitet, vermehrt oder vermindert werden könnte, wie das bei den zusammengesetzten Dingen möglich ist, bei denen es Veränderungen im Verhältnis der Teile untereinander gibt. Die Monaden haben keine Fenster, durch die etwas in sie hinein- oder aus ihnen heraustreten könnte. Die Eigenschaften der Substanzen können sich nicht von ihnen ablösen und nicht außerhalb ihrer herumspazieren, wie das ehemals die sinnlichen Artbilder Scholastiker taten. So kann weder eine Substanz noch eine Eigenschaft von ihr von außen her in eine Monade eintreten.«

Es ist besser zu zitieren als zusammenzufassen. Leibniz' *Monadologie* stellt eine derart abstrakte Spekulation dar, wie sie nur der geniale Mathematiker zu konstruieren vermochte, der er war, so daß ich mich hüte, sie verstehen zu wollen: Die vollständige Individualisierung der Welt durch eine phantastische Hierarchie von Monaden ist der grandiose Versuch, die Welt qualitativ zu arithmetisieren: in dieser Welt wäre gleichsam jede Zahl ein Universum für sich, ein totales Individuum. Gott ist bei Leibniz etwas Widersprüchliches. Er ist einerseits die Monade, welche die vollkommene Erkenntnis besitzt, in welcher sich das Universum offenbar so abbildet, wie es ist, aus der alle anderen Monaden entstanden sind, also ein immanenter, ein Gebärmuttergott. Da aber der Mensch aus einer Seelenmonade besteht, die nach den Gesetzen der Zweckursache durch Strebungen, Zwecke und Mittel wirkt, die von unendlich vielen Körpermonaden umgeben ist, die nach den Gesetzen der wirkenden Ursachen, beziehungsweise der Bewegung wirken; und weil die Seelenmonade und die Körpermonaden blind sind, so muß Gott die verschiedenen Monaden, damit kein Chaos entsteht, harmonisieren:

»Stellen Sie sich zwei Pendeluhren oder Taschenuhren vor, die vollkommen gleich gehen. Das kann auf dreierlei Arten geschehen. Die erste besteht im wechselseitigen Einfluß; die zweite darin, daß man einen geschickten Handwerker dazusetzt, der sie jeden Augenblick stellt und gleichrichtet; die dritte darin, daß man diese zwei Uhren so kunstvoll und genau baut, daß man ihrer weiteren Übereinstimmung sicher sein kann. Setzen Sie jetzt die Seele und den Körper an die Stelle der beiden

Uhren, dann kann ihre Übereinstimmung auf eine dieser drei Arten zustande kommen. Der Weg des *Einflusses* ist der der landläufigen Philosophie; aber da man sich materielle Teilchen, die von einer dieser Substanzen in die andere übergehen könnten, nicht vorstellen kann, muß man diese Ansicht fallen lassen. Der Weg des ständigen *Beistandes* (assistance) des Schöpfers ist der des Systems der Gelegenheitsursachen; aber ich meine, das heißt, den ›Deus ex machina‹ in einer natürlichen und gewöhnlichen Sache eingreifen lassen, bei der er vernünftigerweise nur in der Weise mitwirken soll, in der er bei allen anderen natürlichen Dingen mitwirkt. So bleibt nur meine Hypothese übrig, d.h. der Weg der *Harmonie*. Gott hat jede der beiden Substanzen von Anfang an so geschaffen, daß sie nur ihren eigenen Gesetzen folgt, die sie mit ihrem Sein empfangen hat, aber dennoch mit der anderen übereinstimmt, ganz als bestünde ein wechselseitiger Einfluß, oder als legte Gott ständig, über seine allgemeine Mitwirkung hinaus, Hand an. Hiernach brauche ich nichts zu beweisen, es sei denn, man wolle von mir den Beweis fordern, daß Gott geschickt genug ist, um sich dieser vorsorgenden kunstvollen Einrichtung zu bedienen, von der wir doch sogar Beispiele unter den Menschen finden. Vorausgesetzt aber, daß er es kann, sehen Sie wohl selbst, daß dieser Weg der schönste und seiner würdigste ist.« *(Zweite Erläuterung zum Neuen System.)*

Durch die prästabilierte Harmonie wird Gott wieder transzendent, vollends aber in der Theodizee, der Rechtfertigung Gottes, die Leibniz auf Wunsch der Königin Charlotte von Preußen schrieb, um sie über die Behauptung des scharfsinnigen Pierre Bayle zu beruhigen, welcher der Meinung war, »daß die Vernunft stark in der Kritik, schwach in der positiven Erkenntnis sei. Die Vernunft finde in den christlichen Dogmen nichts als Absurditäten; die Wahrheit könne nur durch den keiner Stützung fähigen Offenbarungsglauben ergriffen werden. Während er hier, wenn auch nur äußerlich, an die altprotestantische Überzeugung von der Ohnmacht der durch die

Sünde verfinsterten Vernunft anknüpfe, erweitere er unabhängig davon seine Skepsis auch auf die moderne wissenschaftliche Welterkenntnis, in deren mathematischen Grundlagen er als einer der ersten gewisse Unstimmigkeiten (die später von Kant so genannten ›Antinomien‹) aufdecke.« (Gerhard Krüger.)

Ich möchte auf den berühmten Trost, den Leibniz der Königin gab, Gott habe zwar nicht eine vollkommene, aber die beste aller Welten geschaffen, nicht eingehen; das hochberühmte Lachen Voltaires darüber hat jedoch eine der größten Einsichten zugeschüttet: Die Welt – ob sie nun eine Schöpfung ist oder nicht – kann nicht anders sein, als sie ist; sie ist wirklich die bestmögliche. Leibniz, einer der größten Denker, ist dort am größten, wo er der Lächerlichkeit preisgegeben wird. Und vergessen wir nicht, was er schrieb, ich zitiere es, damit man es lese:

»Indem wir uns also an die herrschende Lehre halten, nach der die Zahl der ewig verdammten Menschen unvergleichlich viel größer sein wird als die der Geretteten, müssen wir doch sagen, daß das Übel trotzdem im Vergleich mit dem Guten beinahe wie nichts erscheinen würde, wenn man nur die wahre Größe des Staates Gottes recht betrachtete ... Die Alten hatten geringe Vorstellungen von den Werken Gottes, und der heilige Augustin war, in Ermangelung der Kenntnis der modernen Entdeckungen, sehr in Verlegenheit, als es sich darum handelte, die Übermacht des Bösen zu entschuldigen. Es schien den Alten, als sei nur unsere Erde bewohnt, und selbst da schreckten sie vor den Antipoden zurück: der Rest der Welt bestand, nach ihnen, aus einigen leuchtenden Kugeln und einigen kristallenen Sphären. Heute muß man, wie immer man das Universum begrenze oder nicht begrenze, anerkennen, daß es eine unzählige Menge von Weltkugeln gibt, die ebenso groß und größer als unsrige sind, die ebensoviel Recht auf vernünftige Bewohner haben wie sie, obwohl daraus keineswegs folgt, daß das Menschen sein müßten. Die Erde ist nur ein Planet, d. h. einer von den sechs Hauptbegleitern unserer Sonne; und da alle

Fixsterne auch Sonnen sind, sieht man, wie wenig unsere Erde in bezug auf die sichtbaren Dinge bedeutet, da sie nur ein Anhängsel von einem unter ihnen ist. Es kann sein, daß alle Sonnen ausschließlich von glücklichen Geschöpfen bewohnt werden, und nichts nötigt uns, zu glauben, daß es viele Verdammte gibt, denn wenige Beispiele oder wenige Proben genügen schon, um den Nutzen zu ermöglichen, den das Gute aus dem Übel zieht. Da übrigens kein Grund zu dem Glauben zwingt, daß es überall Sterne gibt, – könnte es nicht sein, daß es einen großen Raum jenseits der Region der Sterne gibt? Sei dies nun der Feuerhimmel (der Alten) oder nicht, auf alle Fälle könnte dieser unermeßliche Raum, der diese ganze Region umgibt, voller Glück und Herrlichkeit sein. Man könnte ihn sich als den Ozean denken, in dem die Ströme aller seligen Geschöpfe münden, wenn sie im System der Sterne zu ihrer Vollendung gekommen sind. Was wird dann aus der Wichtigkeit unserer Weltkugel und ihrer Bewohner? Wird sie nicht unvergleichlich geringer als ein physischer Punkt, wenn schon unsere Erde selbst wie ein Punkt ist, gemessen an dem Abstand von einigen Fixsternen? Da sich also die Größe des uns bekannten Teils des Universums fast im Nichts verliert, gemessen an dem, was uns bekannt ist und was wir doch mit Recht annehmen, und da sich alle Übel, aus denen man uns einen Einwand machen kann, in diesem Beinahe-Nichts befinden, so kann es sein, daß auch alle Übel nur ein Beinahe-Nichts sind im Vergleich mit den Gütern, die das Universum enthält.« (*Theodizee,* 1. Teil.)

III

Wie Descartes vermochte sich auch Leibniz von der Gottesvorstellung der christlichen Theologie nicht freizumachen. Was nun die Theologie ›an sich‹ angeht – gibt es sie, wörtlich als die

Wissenschaft von Gott aufgefaßt –, so ist Spinoza einer der einzigen Theologen der Neuzeit, eigentlich nur mit Plotin im Altertum zu vergleichen, denn nur ein unmittelbar eminenter Gott ließe eine solche Theologie als ihren Gegenstand zu.

Offenbart sich Gott jedoch durch das Wort, sei es im Alten oder im Alten und Neuen Testament zusammen oder im Koran, dient der Verstand zur Auslegung der Offenbarung, das heißt zur Verifizierung des Offenbarten durch den Verstand; genauer durch ein System des Verstandes, vorzüglich des Aristotelischen – Karl Barth bedauert, daß es für den Protestantismus nicht das System Hegels wurde; doch ist diese Verifizierung nur scheinbar: Nicht die Offenbarung, der Verstand gibt nach, verwickelt sich die Offenbarung in Widersprüche; der Verstand ist, der Offenbarung zuliebe, zur Unredlichkeit sich selbst gegenüber gezwungen, zu theologischen Verfälschungen des Religiösen, die immer neue Unredlichkeiten erzwingen.

Jedes Religiöse ist etwas Lebendiges, Sich-Wandelndes, Kreatives, aus diesem schöpferischen Zentrum heraus entstanden und entstehen immer neue und alte Mythen, wurden und werden umgewandelt; beschäftigt doch nichts so sehr die Phantasie wie das Religiöse. Dieser mächtig wuchernden Phantasie versuchte vor allem das Christentum dadurch Herr zu werden, indem es diese in Verstandesbegriffe umgoß. Vielleicht liegt das eigentliche Paradoxe dieser Religion darin, daß deren Stifter die jüdische Gesetzesreligion mit ihrem bildlosen und allmächtigen und unbedingten Eingott wie viele vor ihm verinnerlichte: anstelle der Gesetzesbeziehung setzte er eine Gefühlsbeziehung, die der Väterlichkeit Gottes, die der Kindschaft des Menschen und die der Brüderlichkeit unter den Menschen. Diese Lehre, indem die griechische Religiosität sich ihrer bemächtigte – die gleichsam mühelos wie ein Kind mit Mythen, Kulten, Geheimlehren und Philosophien spielte, ohne eine Einheit zu haben, noch eine suchen zu müssen –, wurde sowohl in Mythen als auch in Begriffe transponiert: das schöpferische griechische Denken erstarrte gleichsam im Christentum. Die

Welt wurde blutig ernst: Aus der Innerlichkeit wurde eine Äußerlichkeit, aus der Gefühlsbeziehung der Väterlichkeit eine wirkliche Vaterschaft, aus der Kindschaft eine Knechtschaft, aus der Brüderlichkeit eine Kirche, aus der Innerlichkeit der Heilige Geist – dadurch die Trinität –, aus dem Schicksal des Stifters ein komplizierter Welterrettungsplan ausschließlich für Kirchenmitglieder usw. usw., ein Prozeß, dessen Ende noch nicht abzusehen ist, so daß wir heute vor der Groteske stehen, daß vor allem die Römische Kirche ihren Gläubigen einen Glauben zumutet, den jener, der sie ihrer Behauptung nach gegründet hat (auch hier ein absurdes Wörtlich-Nehmen), seinen Anhängern nie zugemutet hätte, und der die Theologen, die diesen Glauben lehren, dem Verdacht aussetzt, daß sie nicht glauben, was sie verkünden, sondern nur so tun, als ob sie glaubten; glauben sie aber wirklich – und nichts ist unbeweisbarer als dieses; nicht einmal das Martyrium ist ein unzweifelhafter Zeuge –, so sind sie die wahren Don Quijotes unserer Zeit. Was gibt es Größeres, als ein Don Quijote zu sein? Die Philosophen aber, die diese Theologen unterstützen, wollen sie diesen die Argumente liefern, die jene nicht brauchen, sind deren Sancho Pansas. Von der Theologie her denkt man aber wohl deshalb so gering von Spinoza, weil er keines Don Quijotes Sancho Pansa ist.

IV

Die Systeme von Descartes, Spinoza und Leibniz sind die großen Endspiele der Metaphysik. Descartes und Leibniz waren große Mathematiker; von Spinoza heißt es, daß er geplant habe, ein Lehrbuch der Mathematik zu schreiben. Inwiefern die mathematischen Möglichkeiten, welche die beiden ersteren gefunden haben, die analytische Geometrie und der Differentialbegriff, sich in ihrem System ausdrücken, darüber mehr als vage Vermutungen zu entwickeln, fehlt mir nun doch entschieden die Zeit – ich bin zu meinem Leidwesen kein Mathematiker. Nur eines ist bei allen drei mehr als nur zu vermuten: Abgesehen vom Hintergrund ihrer Religion, den Spinoza als einziger überwand – wenn man auch sagen könnte, daß er die jüdische Religion des Eingottes konsequent zu Ende dachte –, übt auf sie die Mathematik insofern einen entscheidenden Einfluß aus, weil sich in ihr eine Revolution vollzog, welche die Revolution innerhalb der Physik der damaligen Zeit erst möglich machte.

Nun stellt die Mathematik eine Konstruktion quantitativer apriorischer Begriffe dar, auf die sich immer neue apriorische quantitative Konstruktionen bauen, abzweigen und überbrükken lassen. Keine Empirie ist imstande, sie zu hemmen – es sei denn, sie verfange sich in Widersprüche ihrer selbst –; sie ist eine der größten Kreationen des Menschen. Insofern ist Spinoza, der doch nicht in dem Maße Mathematiker war wie Descartes oder Leibniz, der mathematischste der drei letzten Metaphysiker, als seine Philosophie eine reine Kreation aus qualitativen Begriffen ist. Sein Gott ist eine Konzeption, eine eigene intellektuelle Vision. Der Gott, den Descartes und Leibniz meinen, ist der christliche Gott, ihre Philosophie eine nachträgliche Erklärung dieses persönlichen Schöpfergottes mit originellen, den neuen Denkmöglichkeiten nachgebildeten Gedanken: Ihre Philosophie stellt den Versuch dar, das Christentum der Moderne anzupassen: Sancho Pansa sattelt Rosinante neu.

V

Kant scheint sich mit Spinoza wenig beschäftigt zu haben, doch ist jener insofern mit diesem zu vergleichen, als man Kant einen nicht-metaphysischen Spinoza nennen könnte. Als Metaphysiker geht er vom Ich aus, aber nicht im Sinne Descartes: das »Ich denke, also bin ich« wäre für Kant schon Metaphysik. Was

Kant interessiert, ist die Frage: womit, wie und was vermag ich zu erkennen; was ihn dazu führt, mit dem Verstand die Vernunft zu untersuchen. Was Kant unter der ›reinen Vernunft‹ versteht, entspricht insofern den nicht-metaphysisch gedachten metaphysischen Attributen Spinozas, als »die zwei Stämme unserer Erkenntnis – Sinnlichkeit und Verstand – vielleicht aus einer gemeinschaftlichen, aber uns unbekannten Wurzel« entspringen. Diese Wurzel entspräche in unserem Vergleich dem Gotte Spinozas, nur daß Kant von ihm nichts auszusagen weiß. Die Modi der Sinnlichkeit, in der sich die Dinge an sich manifestieren, das heißt sich zur Erscheinung bringen, sind Raum und Zeit; die Modi des Verstandes, womit er die ›Dinge an sich‹ denken muß, sind seine Begriffe: die Kategorien. Raum und Zeit sind somit die subjektiven Formen, innerhalb deren das ›Ding an sich‹ erscheint (die ›Modi an sich‹ also, in unserer Transkription), die an sich nicht zu erkennenden Dinge, welche die Ursache abgeben, daß es zur Erscheinung kommt, daß überhaupt etwas erscheint, die Kategorien die subjektive Interpretationsmöglichkeit, auf die der Verstand den Erscheinungen, den ›Dingen an sich‹, gegenüber angewiesen ist, die apriorischen Regeln also des Erscheinens der Erscheinungen. Unsere Erkenntnis bleibt somit auf die Phänomene eingeschränkt. Doch an der Stelle, wo bei Spinoza der Verstand steht, unterscheidet Kant das Vermögen, apriorische Regeln anzuwenden vom Vermögen, Prinzipien anzuwenden: Er unterscheidet den Verstand von der Vernunft, besitzt der Verstand Kategorien, entwickelt die Vernunft Ideen; die psychologischen, kosmologischen Ideen und die Idee Gottes. Der Verstand, indem er diese Ideen untersucht, führt dazu, daß er die psychologischen Ideen (z.B. die Unsterblichkeit der Seele, ja die Seele selbst) als Paralogismen enthüllt, als Fehlschlüsse dialektischer Art, die dadurch entstehen, »daß man in Ansehung dessen, wovon man nichts weiß, die Lücke durch Paralogismen der Vernunft ausfüllt, da man seine Gedanken zu Sachen macht und sie hypostasiert, woraus eingebildete Wissenschaft entspringt«. Die kosmologische Ideen sind ›Antinomien‹, die Kant als einen ›Widerstreit der Gesetze (mit sich selbst) der reinen Vernunft‹ auffaßt; die Idee Gottes schließlich ist nicht beweisbar, weder die ontologische, weder die kosmologische noch die physikotheologische Idee. Der Verstand vernichtet die Ideen der Vernunft, was bleibt, sind das ›Ding an sich‹ als das unerkennbare Wirkliche und die praktische Vernunft und die Philosophie des Institutionellen mit Hilfe der Philosophie des ›Als ob‹.

VI

Gründet sich Spinozas Ethik auf die positive Erkenntnis (der Mensch vermag Gott zu erkennen und damit sich selbst als Modifikation Gottes im Endlichen), so gründet sich Kants Ethik auf die negative Erkenntnis (die Dinge an sich sind unerkennbar, erkennbar für unser subjektives Erkenntnisvermögen sind nur die Erscheinungen der Dinge, die insofern existieren, als sie erscheinen). Die Möglichkeit der Ethik gründet sich bei Kant auf die praktische Vernunft, auf das Vermögen der Vernunft, Prinzipien und Ideen darüber aufzustellen, was wünschbar wäre, sein sollte: die Freiheit und die Moralität (Gerechtigkeit) leuchten als praktische Postulate unmittelbar ein und brauchen nicht bewiesen zu werden, sie sind der Metaphysik entrissen, nicht Objekte der reinen Vernunftserkenntnis, sondern von der praktischen, schöpferischen Vernunft gleichsam ›hergestellte‹ Objekte, von welchen sich das menschliche Handeln bestimmen läßt. Analog zu Spinoza: ›Das Ding an sich‹ ist die unbekannte Seite des Erkennbaren, ›die Freiheit‹ und ›die Gerechtigkeit‹, aber auch ›Gott‹ und ›die Unsterblichkeit der Seele‹ stellen die der Vernunft unmittelbar erfaßbaren Aspekte dar, die zwar nicht beweisbar, aber ideell sind; sie sind Möglichkeiten, Fiktionen, auf die wir angewiesen sind. Nun besitzen diese praktischen Postulate bei Kant noch einen Aspekt, der wie eine anthropologisch gedeutete theologische Idee anmutet: In der Theologie wird die Freiheit des Menschen auf seine Fähigkeit zu sündigen zurückgeführt: Gott ließ den Sündenfall Adams zu, der Freiheit des Menschen zuliebe. Bei Kant ist der Mensch ›radikal böse‹ – eine Ansicht, die Goethe ärgerte –, die Freiheit und die Gerechtigkeit des Menschen besteht darin, gegen seine Natur handeln zu können, in der Pflicht; eine unangenehme Ansicht für jene, die glauben, der Mensch sei an sich gut.

VII

Kants Philosophie – dessen *Kritik der Urteilskraft* wir hier beiseite lassen (vielleicht ist gerade sie sein Wichtigstes) – nahm sowohl der Philosophie als auch den exakten Wissenschaften ihre Naivität. Der Philosophie zertrümmerte sie die Metaphysik, die Physik stieß sie in die Philosophie, beide wollten das nicht wahrhaben: die Philosophie, indem sie wieder Metaphysik trieb, indem sie ›das Ding an sich‹ bald für identisch mit dem Ich erklärte wie Fichte, bald mit dem sich dialektisch entwikkelnden Geist wie Hegel, bald mit dem Willen wie Schopenhauer; die Physik, indem sie die Dinge für identisch mit ihrer Erscheinung erklärte. Erst die neue Physik konnte die Identität von Erscheinung und Ding nicht mehr aufrechterhalten. Da nach Kant jedoch die Erscheinung eine Modifikation des Dings im Subjekt darstellt, ist die Erscheinung eines Dings identisch mit der Idee vom Ding; wir haben es in der Wissenschaft mit Ideen von Dingen zu tun.

Quellennachweis zu ›Albert Einstein‹

B. Spinoza	*B. de Spinoza's sämmtliche Werke* übersetzt von Berthold Auerbach Cotta Verlag, Stuttgart 1871
Immanuel Kant	*Prolegomena zu einer jeden künftigen Metaphysik* hrsg. von Karl Vorländer Phil. Bibl. Felix Meiner Verlag, Hamburg 1976
Albert Einstein/ Sigmund Freud	*Warum Krieg?* Mit einem Essay von Isaac Asimov Diogenes Taschenbuch 20028 Diogenes Verlag AG, Zürich 1972
Albert Einstein/ Leopold Infeld	*Die Evolution der Physik* ›rowohlts deutsche enzyklopädie‹ Rowohlt Verlag, Hamburg 1956
Wolfgang Büchel	*Philosophische Probleme der Physik* Herder Verlag, Freiburg, Basel, Wien 1965
Rudolf Carnap	*Einführung in die Philosophie der Naturwissenschaft* Nymphenburger Verlagshandlung, München 1961
Egmont Colerus	*Vom Punkt zur vierten Dimension* P. Zsolnay Verlag, Wien 1935
Will und Ariel Durant	*Das Zeitalter Ludwigs XIV.* 4. Buch: Vom Aberglauben zur Forschung Francke Verlag, Bern und München 1966

Martin Gardner	*Relativitätstheorie für alle* Orell Füssli Verlag, Zürich 1966
Banesh Hoffmann/ Helen Dukas	*Albert Einstein, Schöpfer und Rebell, die Biographie* Fischer Taschenbuch Verlag, Frankfurt a.M. 1978
Karl Jaspers	*Aus dem Ursprung denkende Metaphysiker* R. Piper & Co. Verlag, München 1957
Stephan Körner	*Philosophie der Mathematik* Eine Einführung Nymphenburger Verlagshandlung, München 1968
Arthur March	*Das neue Denken der modernen Physik* ›rowohlts deutsche enzyklopädie‹ Rowohlt Verlag, Hamburg 1957
J. Robert Oppenheimer	*Wissenschaft und allgemeines Denken* ›rowohlts deutsche enzyklopädie‹ Rowohlt Verlag, Hamburg 1955
Heinrich Tietze	*Mathematische Probleme* C. H. Beck'sche Verlagsbuchhandlung, München 1967
Hermann Weyl	*Philosophie der Mathematik und Naturwissenschaft* 3. erw. Auflage. R. Oldenburg, München – Wien 1966
Hermann Emden	*Die Hauptpunkte der Endspieltheorie* Verlag Zollikofer & Co., St. Gallen 1945
Erwin Voellmy	*Wie eröffnest du die Schachpartie* Verlag von Heinrich Majer, Basel 1943

Nachweis

Die Sekundärliteratur wie auch Dürrenmatt selbst übermitteln oft widersprüchliche Angaben zu den einzelnen Texten; der nachfolgende Nachweis zur Publikationsgeschichte sowie zur Textgrundlage stützt sich auf die Dokumente aus Dürrenmatts Nachlaß und Archiv im Schweizerischen Literaturarchiv in Bern. Zweifelhafte oder unrichtige Datierungen der Texte im Textteil wurden jeweils in eckigen Klammern berichtigt; die Textabfolge, von Dürrenmatt nicht rein chronologisch angelegt, blieb unangetastet.

Spielregeln. o. D. [Manuskript nachträglich datiert ca. 1964/65; Arbeitstitel *Trost*]. *Werkausgabe in neunundzwanzig Bänden 1980* [im folgenden zitiert als *WA 1980*], Band 27.

Hingeschriebenes. 1947/48 [vermutlich 1964/65, aufgrund des aus dem Manuskript ersichtlichen Bezugs auf die Proben zu *Frank dem Fünften* in Bochum 1964]. *Theater-Schriften und Reden,* Verlag der Arche, Zürich 1966 [im folgenden zitiert als *TR*].

Trieb. Über Europa. 1951. *TR.*

Gott und Péguy. 1948. *WA 1980,* Band 27.

Das Unvermeidliche wartet ... o. D. [vermutlich 1960er Jahre]. *WA 1980,* Band 27.

Lied. o. D. ›Die Tat‹, Zürich, 1. August 1959.

Elektronische Hirne. 1958. *WA 1980,* Band 27.

Die vier Verführungen des Menschen durch den Himmel. 1969. ›Sonntags Journal‹, Zürich, 26./27. Juli 1969. Auch in: *Dramaturgisches und Kritisches. Theater-Schriften und Reden II,* Verlag der Arche, Zürich 1972.

Mond. [1958]. *WA 1980,* Band 27.

Antares. [1958]. *WA 1980,* Band 27.

Siriusbegleiter. [1958]. *WA 1980,* Band 27.

Monstervortrag über Gerechtigkeit und Recht, nebst einem helvetischen Zwischenspiel. Eine kleine Dramaturgie der Po-

litik. 1969 [1968/69]. Gehalten 1968 vor dem Studium generale der Johannes-Gutenberg-Universität Mainz. Erweiterte Buchausgabe: Verlag der Arche, Zürich 1969.

Überlegungen zum Gesetz der großen Zahl. Ein Versuch über die Zukunft (Fragment). 1976/77 [entstanden im Mai 1977 unter dem Arbeitstitel *Gedanken zum Gesetz der großen Zahl*]. WA *1980*, Band 27.

Über Toleranz. Rede anläßlich der Verleihung der Buber-Rosenzweig-Medaille am 6. März 1977. Gehalten in der Frankfurter Paulskirche. Mit der (am 18. März 1977 geschriebenen) ›Nachträglichen Vorbemerkung‹ in überarbeiteter Fassung zuerst in: ›Schweizer Monatshefte‹, 57. Jg., Heft 2, Zürich, Mai 1977. Auch in: *Friedrich Dürrenmatt Lesebuch*, Verlag der Arche, Zürich 1978.

Albert Einstein. Ein Vortrag. [1978/]1979. Gehalten an der Eidgenössischen Technischen Hochschule, Zürich, anläßlich der Feier des 100. Geburtstags von Albert Einstein, am 24. Februar 1979. Redigierte und um die (im März 1979 angefügten) *Anmerkungen zu ›Albert Einstein‹* sowie den *Quellennachweis zu ›Albert Einstein‹* ergänzte Buchausgabe: Diogenes Verlag, Zürich 1979.

Skizze zu einem Nachwort. [Juni] 1979. WA *1980*, Band 27.

Personen- und Werkregister

Die Einordnung der Werktitel erfolgt alphabetisch nach dem ersten Wort (ohne Berücksichtigung der Artikel). Kursive Werktitel bezeichnen Texte, Werktitel in einfachen Anführungen bezeichnen Werke der bildenden Kunst, der Musik oder Filme.

Texte, deren Autorschaft nicht in Klammern nachgewiesen wird, stammen von FD. Mit einem * versehene Werktitel FDs bezeichnen unvollendet gebliebene (zu Lebzeiten nicht veröffentlichte) Texte oder Arbeitsfassungen von Texten, die später unter anderem Titel veröffentlicht wurden.

Nicht aufgenommen sind Jahrbücher und Festschriften sowie die Fernsehverfilmungen, außerdem Personen und Werke, die – obschon real – vom Autor in einem fiktionalen Zusammenhang genannt werden.

Dagegen erscheinen im Register auch Personen und Werke, die auf den entsprechenden Seiten zwar nicht namentlich erwähnt werden, aber eindeutig identifizierbar sind.

Falsche Schreibungen von Personennamen wurden unter Wahrung des Lautstandes stillschweigend korrigiert und vereinheitlicht. Bei größeren Abweichungen oder gänzlich falschen Namen bzw. Werktiteln wurde nicht korrigiert, sondern im Register kommentarlos ein Verweis plaziert.

Die Personen und Werktitel für die gesamte vorliegende Werkausgabe in 37 Bänden 1998 sind im dazugehörigen Registerband (detebe 23079) erfaßt.

Friedrich Dürrenmatt im Diogenes Verlag

Werkausgabe in 37 Bänden mit einem Registerband

Jeder Band enthält einen Nachweis zur Publikations- und gegebenenfalls Aufführungsgeschichte sowie zur Textgrundlage

● Das dramatische Werk

Es steht geschrieben / Der Blinde
Frühe Stücke

Romulus der Große
Eine ungeschichtliche historische Komödie in vier Akten. Neufassung 1980

Die Ehe des Herrn Mississippi
Eine Komödie in zwei Teilen (Neufassung 1980) und ein Drehbuch

Ein Engel kommt nach Babylon
Eine fragmentarische Komödie in drei Akten. Neufassung 1980

Der Besuch der alten Dame
Eine tragische Komödie. Neufassung 1980

Frank der Fünfte
Komödie einer Privatbank. Neufassung 1980

Die Physiker
Eine Komödie in zwei Akten. Neufassung 1980

Herkules und der Stall des Augias / Der Prozeß um des Esels Schatten
Griechische Stücke. Neufassung 1980

Der Meteor / Dichterdämmerung
Zwei Nobelpreisträgerstücke. Neufassungen 1978 und 1980

Die Wiedertäufer
Eine Komödie in zwei Teilen. Urfassung

König Johann / Titus Andronicus
Shakespeare-Umarbeitungen

Play Strindberg / Porträt eines Planeten
Übungsstücke für Schauspieler

Urfaust / Woyzeck
Zwei Bearbeitungen

Der Mitmacher
Ein Komplex. Text der Komödie (Neufassung 1980), Dramaturgie, Erfahrungen, Berichte, Erzählungen. Mit Personen- und Werkregister

Die Frist
Eine Komödie. Neufassung 1980

Die Panne
Ein Hörspiel und eine Komödie

Nächtliches Gespräch mit einem verachteten Menschen / Stranitzky und der Nationalheld / Das Unternehmen der Wega
Hörspiele und Kabarett

Achterloo
Achterloo I / Rollenspiele (Charlotte Kerr: ›Protokoll einer fiktiven Inszenierung‹; Friedrich Dürrenmatt: ›Achterloo III‹) / Achterloo IV / Abschied vom Theater
Mit Personen- und Werkregister

● **Das Prosawerk**

Aus den Papieren eines Wärters
Frühe Prosa

Der Richter und sein Henker / Der Verdacht
Die zwei Kriminalromane um Kommissär Bärlach

Der Hund / Der Tunnel / Die Panne
Erzählungen

Grieche sucht Griechin / Mister X macht Ferien / Nachrichten über den Stand des Zeitungswesens in der Steinzeit
Grotesken

Das Versprechen
Requiem auf den Kriminalroman /
Aufenthalt in einer kleinen Stadt
Fragment

Der Sturz / Abu Chanifa und Anan ben David / Smithy / Das Sterben der Pythia
Erzählungen

Justiz
Roman

Minotaurus / Der Auftrag oder Vom Beobachten des Beobachters der Beobachter / Midas oder Die schwarze Leinwand
Prosa

Durcheinandertal
Roman

Labyrinth
Stoffe I–III: ›Der Winterkrieg in Tibet‹ / ›Mondfinsternis‹ / ›Der Rebell‹. Vom Autor revidierte Neuausgabe. Mit Personen- und Werkregister

Turmbau
Stoffe IV–IX: ›Begegnungen‹ / ›Querfahrt‹ / ›Die Brücke‹ / ›Das Haus‹ / ›Vinter‹ / ›Das Hirn‹. Mit Personen- und Werkregister

Theater
Essays, Gedichte und Reden. Mit Personen- und Werkregister

Kritik
Kritiken und Zeichnungen. Mit Personen- und Werkregister

Literatur und Kunst
Essays, Gedichte und Reden. Mit Personen- und Werkregister

Philosophie und Naturwissenschaft
Essays, Gedichte und Reden. Mit Personen- und Werkregister

Politik
Essays, Gedichte und Reden. Mit Personen- und Werkregister

Zusammenhänge
Essay über Israel. Eine Konzeption /
Nachgedanken
unter anderem über Freiheit, Gleichheit und Brüderlichkeit in Judentum, Christentum, Islam und Marxismus und über zwei alte Mythen. 1980
Mit Personen- und Werkregister

Versuche / Kants Hoffnung
Essays und Reden. Mit Personen- und Werkregister

Gedankenfuge
Essays. Mit Personen- und Werkregister /
Der Pensionierte
Fragment eines Kriminalromans (Text der Fassung letzter Hand)

Registerband zur Werkausgabe Friedrich Dürrenmatt
Chronik zu Leben und Werk. Bibliographie der Primärliteratur. Gesamtinhaltsverzeichnis. Alphabetisches Gesamtwerkregister. Personen- und Werkregister aller 37 Bände

Außerhalb der Werkausgabe lieferbar:

● Gespräche

Gespräche 1961–1990
4 Bände in Kassette. Band 1: Der Klassiker auf der Bühne 1961–1970. Band 2: Die Entdeckung des Erzählens 1971–1980. Band 3: Im Bann der ›Stoffe‹ 1981–1987. Band 4: Dramaturgie des Denkens 1988–1990. Herausgegeben von Heinz Ludwig Arnold. In Zusammenarbeit mit Anna von Planta und Jan Strümpe

● Briefe

Max Frisch/Friedrich Dürrenmatt
Briefwechsel
Mit einem Essay des Herausgebers Peter Rüedi. Mit zwei Faksimiles

● Einzelausgaben

Der Richter und sein Henker
Kriminalroman. Studienausgabe mit zahlreichen Fotos aus dem Film und einem Anhang

Der Verdacht
Kriminalroman. Mit einer biographischen Skizze des Autors

Die Panne
Eine noch mögliche Geschichte

Grieche sucht Griechin
Eine Prosakomödie

Das Versprechen
Requiem auf den Kriminalroman

Justiz
Roman

Minotaurus
Eine Ballade. Mit Zeichnungen des Autors

Der Auftrag
oder Vom Beobachten des Beobachters der Beobachter. Novelle in vierundzwanzig Sätzen

Durcheinandertal
Roman

Der Pensionierte
Fragment eines Kriminalromans (Bibliophile Ausgabe). Text der Fassung letzter Hand. Faksimile des Manuskripts. Faksimile des Typoskripts mit handschriftlichen Änderungen. Mit einem Nachwort von Peter Rüedi und einem editorischen Bericht

Der Pensionierte
Fragment eines Kriminalromans (Text der Fassung letzter Hand). Mit einem möglichen Schluß von Urs Widmer und einem Nachwort von Peter Rüedi

● Anthologien und Sammelbände

Denkanstöße
Ausgewählt und zusammengestellt von Daniel Keel. Mit sieben Zeichnungen des Dichters

Das Mögliche ist ungeheuer
Ausgewählte Gedichte. Mit einem Nachwort von Peter Rüedi

Die Schweiz – ein Gefängnis
Rede auf Václav Havel. Mit einem Gespräch des Autors mit Michael Haller sowie einer Rede von Bundesrat Adolf Ogi

Das Dürrenmatt Lesebuch
Herausgegeben von Daniel Keel. Mit einem Nachwort von Heinz Ludwig Arnold

Meistererzählungen
Ausgewählt von Daniel Keel. Mit einem Nachwort von Reinhardt Stumm

Meine Schweiz
Ein Lesebuch. Herausgegeben von Heinz Ludwig Arnold, Anna von Planta und Ulrich Weber. Mit einem Vorwort von Heinz Ludwig Arnold

● Das zeichnerische Werk

Die Heimat im Plakat
Ein Buch für Schweizer Kinder

Die Mansarde
Die Wandbilder aus der Berner Laubeggstraße. 24 Abbildungen mit Texten von Friedrich Dürrenmatt. Mit einem Essay von Ludmila Vachtova

● Über Dürrenmatt

Elisabeth Brock-Sulzer
Friedrich Dürrenmatt
Stationen seines Werkes. Mit Fotos, Zeichnungen, Faksimiles

Über Friedrich Dürrenmatt
Essays, Zeugnisse und Rezensionen. Mit Chronik und Bibliographie. Herausgegeben von Daniel Keel. Verbesserte und erweiterte Ausgabe 1998

Herkules und Atlas
Lobreden und andere Versuche über Friedrich Dürrenmatt. Herausgegeben von Daniel Keel

Friedrich Dürrenmatt Schriftsteller und Maler
Ein Bilder- und Lesebuch zu den Ausstellungen im Schweizerischen Literaturarchiv Bern und im Kunsthaus Zürich

play Dürrenmatt
Ein Lese- und Bilderbuch. Mit Texten von Friedrich Dürrenmatt, Hugo Loetscher, Peter Rüedi, Guido Bachmann u.a. sowie Handschriften, Zeichnungen und Fotos

Heinz Ludwig Arnold
Querfahrt mit Friedrich Dürrenmatt
Aufsätze und Reden

Arthur Schopenhauer im Diogenes Verlag

Zürcher Ausgabe: Werke in 10 Bänden
Vollständige Neuedition. Alle Bände bringen, nach dem letzten Stand der Forschung, den integralen Text in der originalen Orthographie Schopenhauers nach der historisch-kritischen Gesamtausgabe von Arthur Hübscher; Übersetzungen fremdsprachiger Zitate und seltener Fremdwörter wurden in Klammern eingearbeitet. Die editorischen Materialien besorgte Angelika Hübscher.

Die Welt als Wille und Vorstellung I
in zwei Teilbänden

Die Welt als Wille und Vorstellung II
in zwei Teilbänden

Über die vierfache Wurzel des Satzes vom zureichenden Grunde / Über den Willen in der Natur
Kleinere Schriften I

Die beiden Grundprobleme der Ethik: Über die Freiheit des menschlichen Willens Über die Grundlage der Moral
Kleinere Schriften II

Parerga und Paralipomena I
in zwei Teilbänden, wobei der zweite als Einzelausgabe die ›Aphorismen zur Lebensweisheit‹ enthält

Parerga und Paralipomena II
in zwei Teilbänden

Aphorismen zur Lebensweisheit
Textidentisch mit Band 8 der ›Zürcher Ausgabe‹. Herausgegeben von Arthur Hübscher. Mit einem Nachwort von Egon Friedell

Baltasar Gracián
Hand-Orakel und Kunst der Weltklugheit
Aus dessen Werken gezogen von D. Vincencio Juan de Lastanosa und aus dem Spanischen Original treu und sorgfältig übersetzt von Arthur Schopenhauer. Mit einem Nachwort von Hugo Loetscher

Friedrich Nietzsche im Diogenes Verlag

»Der Geist braucht von Zeit zu Zeit einen dämonischen Menschen, dessen Übergewalt sich auflehnt gegen die Gemeinschaft des Denkens und die Monotonie der Moral… Tritt man in Nietzsches Bücher, so fühlt man elementarische, von aller Dumpfheit, Vernebelung und Schwüle entschwängerte Luft: man sieht frei in dieser heroischen Landschaft bis in alle Himmel hinauf und atmet eine einzig durchsichtige messerscharfe Luft, eine Luft für starke Herzen und freie Geister.«
Stefan Zweig

»Nietzsche ist, was sich immer deutlicher zeigt, der weitreichende Gigant der nachgoetheschen Epoche und seit Luther das größte deutsche Sprachgenie.«
Gottfried Benn

Brevier
Ausgewählt, herausgegeben
und mit einem Vorwort von
Wolfgang Kraus

Vom Nutzen und Nachteil der Historie für das Leben
Herausgegeben und mit einem Nachwort
von Michael Landmann

Gedichte
Ausgewählt von
Anton Friedrich. Mit einer Rede von
Thomas Mann

Walter Nigg
Friedrich Nietzsche
Mit einem Nachwort von Max Schoch

Albert Einstein im Diogenes Verlag

Briefe

Aus dem Nachlaß herausgegeben von Helen Dukas und Banesh Hoffmann

»Wenn alle Leute so lebten wie ich, wahrlich, die Romanschriftstellerei wäre dann niemals auf die Welt gekommen.« *Albert Einstein*

Einstein über E, Quantentheorie, Gesellschaft, m, Politik, Intellektuelle, Hitler, Toleranz, Todesstrafe, Mischehe, Mozart, c^2, Manschettenknöpfe u.v.a.
Und außerdem: endlich die Relativitätstheorie auf den knappsten, allgemein verständlichen Nenner gebracht.

»Ein kleines Buch von großer therapeutischer Ausstrahlungskraft. Merkwürdig, wie sehr das unerreichbare Genie auf seine Bewunderer gleichzeitig umgänglich, persönlich ansprechbar und alltagsfreundlich wirkte, einladend zu Annäherungen. Von seinen nie weitschweifigen Briefen geht eine charismatische Wirkung aus, wo sie, voll Ernst und Diskretion und ohne heuchlerische Schonung irgendwelcher Glücksversprechungen, auf die menschlichen Heilserwartungen in der Transzendenz eingehen. Auch im Erteilen von Absagen und in der Erklärung seiner Inkompetenz verströmt Einstein noch diese zuversichtlich stimmende Ruhe: sie ergibt sich aus seiner Wahrhaftigkeit, aus der eigenen Bescheidung in die Dinge, die zu erkennen sind. Es wäre wohl auch legitim gewesen, wenn Albert Einstein, statt unermüdlich zu antworten, einfach nur Geige geübt hätte. Besser aber, dass er die Geduldsprobe der Postüberhäufung auf diese Weise bestand, besser für uns, seine an ihm vergnügten Leser.« *Gabriele Wohmann*

Albert Einstein/Sigmund Freud

Warum Krieg?

Ein Briefwechsel
Mit einem Essay von
Isaac Asimov

Heute aktueller denn je: dieser Briefwechsel gehört zu den grundlegenden Texten des Pazifismus im 20. Jahrhundert.

»Was ich sonst mache oder sage, kann die Struktur des Universums nicht ändern. Aber vielleicht kann meine Stimme der größten Sache dienen: Eintracht unter den Menschen und Friede auf Erden.« *Albert Einstein*

»Alles, was Gefühlsbindungen unter den Menschen herstellt, muß dem Krieg entgegenwirken. Diese Bindungen können von zweierlei Art sein. Erstens Beziehungen wie zu einem Liebesobjekt, wenn auch ohne sexuelle Ziele. Die Religion sagt dasselbe: Liebe deinen Nächsten wie Dich selbst. Das ist nun leicht gefordert, aber schwer zu erfüllen. Die andere Art von Gefühlsbindung ist die durch Identifizierung. Alles was bedeutsame Gemeinsamkeiten unter den Menschen herstellt, ruft solche Gemeingefühle, Identifizierungen, hervor. Auf ihnen ruht zum guten Teil der Aufbau der menschlichen Gesellschaft.« *Sigmund Freud*

»Die Welt ist zu klein für jenen Patriotismus, der zu Kriegen führt. Patriotismus ist nicht einmal mehr in Friedenszeiten nützlich. Die Probleme unserer Welt sind planetarisch. Keine Nation ist ihnen allein gewachsen.« *Isaac Asimov*

»Wir brauchen eine Friedensforschung. Die Ursachen der Konflikte unter den Völkern sind weniger erforscht als die Gesetze der Ordnung im Atom.«
Gustav Heinemann

Kleine Diogenes Taschenbücher

»Weltliteratur – große Weisheiten, kleine Sprüche, Gedichte für diverse Anlässe, Erzählungen für eine Flug- oder Bahnlänge. Nichts ist zu groß, als daß es nicht klein erscheinen könnte. Der Diogenes Verlag ist als erster deutschsprachiger Anbieter auf den Kleinst-Buchmarkt gekommen, mit sorgfältig gestalteten Miniaturausgaben erfolgreicher Titel.« *Kurier, Wien*

Ali Baba und die vierzig Räuber
Zwei Märchen aus ›Tausendundeiner Nacht‹

Die Bergpredigt
Aktuelle Texte aus dem Neuen Testament

Bertolt Brecht
Die schönsten Gedichte

Wilhelm Busch
Die schönsten Gedichte

Albert Camus
Weder Opfer noch Henker
Über eine neue Weltordnung

Anton Čechov
Die Dame mit dem Hündchen
Zwei Erzählungen

Matthias Claudius
Die schönsten Gedichte

Paulo Coelho
Der Wanderer
Geschichten und Gedanken

Luciano De Crescenzo
Sokrates
Sein Leben und Denken

Doris Dörrie
Der Mann meiner Träume
Erzählung

Fjodor Dostojewskij
Die Sanfte

Friedrich Dürrenmatt
Die Panne
Eine noch mögliche Geschichte

Albert Einstein & Sigmund Freud
Warum Krieg?
Ein Briefwechsel

Epiktet
Handbüchlein der Moral und Unterredungen

Epikur
Über das Glück
Ausgewählte Texte

Theodor Fontane
Die schönsten Gedichte

Geschichten aus der Bibel
Die Geschichte von der Erschaffung der Welt
von Adam und Eva, von Abraham, Jakob und von Joseph und seinen Brüdern
Die Geschichte von Hiob
Die Geschichte von König David
Die Geschichte von Moses
vom Exodus, den Zehn Geboten und dem Einzug ins Gelobte Land

Johann Wolfgang Goethe
Die schönsten Gedichte

Brüder Grimm
Die schönsten Märchen

Heinrich Heine
Die schönsten Gedichte

Hermann Hesse
Die schönsten Gedichte

Patricia Highsmith
Drei Katzengeschichten

Hildegard von Bingen
Lieder
Lateinisch/deutsch

I Ging
Das Buch der Wandlungen

Franz Kafka
Die Verwandlung
Erzählung
Brief an den Vater

Immanuel Kant
Deines Lebens Sinn

Die schönsten Katzengedichte

Jiddu Krishnamurti
Meditationen

Lao Tse
Tao-Te-King

Die schönsten Liebesbriefe deutscher Musiker

Die schönsten deutschen Liebesgedichte

Das kleine Liederbuch
Mit Skizzen von Tomi Ungerer

Loriot
Szenen einer Ehe

W. Somerset Maugham
Die Leidenschaft des Missionars
Erzählung

Guy de Maupassant
Das Freudenhaus
Drei Erzählungen

Mohammed
Die Stimme des Propheten

Michel de Montaigne
Um recht zu leben
Aus den Essais

Christian Morgenstern
Galgenlieder

Eduard Mörike
Mozart auf der Reise nach Prag
Novelle

Walter Nigg
Teresa von Avila
Eine leidenschaftliche Seele

Franz von Assisi
Denken mit dem Herzen

No future?

Ingrid Noll
Stich für Stich
Fünf schlimme Geschichten

Rainer Maria Rilke
Briefe an eine junge Frau
Briefe an einen jungen Dichter
Die schönsten Gedichte

Joachim Ringelnatz
Die schönsten Gedichte

Salomo
Weinen hat seine Zeit
Lachen hat seine Zeit
Die großen Dichtungen des Königs Salomo

Georges Simenon
Brief an meine Mutter

Patrick Süskind
Drei Geschichten
und eine Betrachtung

Susanna Tamaro
Eine Kindheit
Erzählung
Die Demut des Blicks
Wie ich zum Schreiben kam

Henry David Thoreau
Über die Pflicht zum Ungehorsam gegen den Staat

Mark Twain
Adams Tagebuch
und eine andere Liebesgeschichte